Ulrike Barbara Dietrich

Gott in der Welt

AF571384

Ulrike Barbara Dietrich

Gott in der Welt

Geschichten aus Predigten

Fromm Verlag

Impressum / Imprint
Bibliografische Information der Deutschen Nationalbibliothek: Die Deutsche Nationalbibliothek verzeichnet diese Publikation in der Deutschen Nationalbibliografie; detaillierte bibliografische Daten sind im Internet über http://dnb.d-nb.de abrufbar.
Alle in diesem Buch genannten Marken und Produktnamen unterliegen warenzeichen-, marken- oder patentrechtlichem Schutz bzw. sind Warenzeichen oder eingetragene Warenzeichen der jeweiligen Inhaber. Die Wiedergabe von Marken, Produktnamen, Gebrauchsnamen, Handelsnamen, Warenbezeichnungen u.s.w. in diesem Werk berechtigt auch ohne besondere Kennzeichnung nicht zu der Annahme, dass solche Namen im Sinne der Warenzeichen- und Markenschutzgesetzgebung als frei zu betrachten wären und daher von jedermann benutzt werden dürften.

Bibliographic information published by the Deutsche Nationalbibliothek: The Deutsche Nationalbibliothek lists this publication in the Deutsche Nationalbibliografie; detailed bibliographic data are available in the Internet at http://dnb.d-nb.de.
Any brand names and product names mentioned in this book are subject to trademark, brand or patent protection and are trademarks or registered trademarks of their respective holders. The use of brand names, product names, common names, trade names, product descriptions etc. even without a particular marking in this works is in no way to be construed to mean that such names may be regarded as unrestricted in respect of trademark and brand protection legislation and could thus be used by anyone.

Verlag / Publisher:
Fromm Verlag
ist ein Imprint der / is a trademark of
OmniScriptum GmbH & Co. KG
Heinrich-Böcking-Str. 6-8, 66121 Saarbrücken, Deutschland / Germany
Email: info@frommverlag.de

Herstellung: siehe letzte Seite /
Printed at: see last page
ISBN: 978-3-8416-0467-5

Copyright © 2014 OmniScriptum GmbH & Co. KG
Alle Rechte vorbehalten. / All rights reserved. Saarbrücken 2014

Inhalt

- sämtliche Namen, Personen und Handlungen sind frei erfunden -

Aber, ich bin ja da

Er war jemand, der immer alles zusammenbringen wollte. Er war Minister, in den besten Jahren, wusste, was er wollte, sozial und zugewandt, begabt und selbstbewusst. Zu Hause lief alles. Seine Frau hielt ihm den Rücken frei und es gab sogar noch etwas, dass mehr als gefühlte Dankbarkeit für all die Jahre mit Kindern und Haus war. Es gab noch so ein unbestimmtes Etwas, eine leicht verstaubte Zuneigung, die immer noch von den ersten gemeinsamen Jahren zehrte, als sie beide jung, verliebt und voller Träume waren. Ob es Liebe war, wusste der Minister nicht. Sonst war der Minister nicht der Schlechteste, nein, er war sogar sehr gut. Vor allem, wollte er immer gut sein, zu allen und in allem und merkte gar nicht, wie er in seinem Bemühen unaufhaltsam den Pfad der Wahrheit verlor und dem schnellen Erfolg anhing. Alles, was Geld und damit Macht hatte, zog ihn magisch an. Schneller Erfolg wurde zum Rausch, war eine Bestätigung, dass es gut sein musste, was er tat. Bald saß er im Vorstand nicht des einen oder anderen renommierten Unternehmens. Er wurde eitel. Der Erfolg hatte ihn rücksichtsloser und süchtig gemacht, nach mehr, mehr Glanz, mehr Kamera, mehr lächelnde Gesichter. Und gleichzeitig wuchs die Angst, das alles zu verlieren, wurde größer und größer, fast so groß, wie die Leere, die sich ausbreitete. Nur ganz tief drinnen war eine Sehnsucht unstillbar. In der Tiefenschicht der Seele war eine Klarheit, dass all dies im Grunde Selbstbetrug ist. Doch überdeckt von Terminen, Kameras, Lächeln und Wichtigkeiten ließ es sich noch eine Weile so leben. Wer so erfolgreich ist, der lässt sich doch gerne verewigen, der lässt sich doch malen. So lernte der Minister einen Maler kennen, der Furore gemacht hatte in gehobenen Künstlerkreisen, weil er so schonungslos ehrlich war und die Menschen so malte, wie er sie sah. Er gelangen ihm Bilder mit einer untrüglichen Wahrheit, die der Gemalte oft selbst nicht kannte. So manch einem aufstrebendem Genius in Wirtschaft, Politik oder Kunstszene hatte ein Bild von ihm den Weg nach ganz oben prophezeit. Nun also unser Minister, er war sicher müde bei den Sitzungen, das Erfolgslächeln etwas steif, aber dann war das Bild endlich fertig, die Presse informiert. Die Crew, die für das nächste Wahljahr bereit stand war ebenfalls im großzügigen Büro versammelt, Enthüllung bei Sekt mit Schnittchen. Doch, was für ein Bild, die Presse zeriss sich das Maul. Der Minister war sich so sicher gewesen, dass er vorher keinen Blick darauf geworfen hatte. Nun hatte er die Quittung. Da war sein Gesicht, fahl, wie abgeschminkt, mit Augen, die tief verletzt und hilflos schauten. Kein Erfolgslächeln, kein sich stets Behauptender wurde gezeigt, kein Befehlender sondern ein zutiefst verunsicherter Mensch mit der Frage: Wie wird es weitergehen? Was bleibt von mir? Was hält und trägt? Der Maler wurde erstmal tagesaktuell fertig gemacht. Der Minister nahm das Bild mit nach Hause. Dort stand es in der Besenkammer mit einem Tuch verdeckt neben dem Bügelbrett. Er hatte es schon bald vergessen. Dann lief die Zeit, Arbeit, Reisen, Empfänge und plötzlich wird sie krank, seine Birgit, schwerkrank. Die Welt ist nicht mehr rund, es bricht etwas in ihm zusammen. Alles, was immer so war steht plötzlich in Frage und dann auch noch Weihnachtszeit. Die Kinder kommen vom Studium. Er schmückt das Haus? Wer findet die Kugeln? Wer macht es schön, so schön, wie sie es immer gemacht hat? Der Minister geht in die Besenkammer, wühlt sucht, weint, hat Angst, alles könnte vorbei sein. Ganz in der Ecke entdeckt er das Bild, das er immer verabscheute. Die Decke fällt ab, sein Blick fällt darauf und es durchzuckt ihn. Er erkennt sich selbst. `Ja, ja genauso ratlos und haltlos und voller Angst bin ich.` Jetzt ist da endlich der Mut, der Wahrheit ins Auge zu sehen. Er sagt alles ab an Weihnachtsempfängen, Sitzungen und Pressegesprächen und macht sich auf die Suche nach Kugeln und Schmuck, Engeln und Sternen. Birgit liegt schwach, doch mit guter Diagnose im Krankenhaus. Die Operation wird überstanden, bald kommt sie nach Hause. Einen Tag vor Weihnachten soll sie kommen. Dann ist es soweit. Alles ist bereit. Auf seinen Arm gestützt, betritt sie die Weihnachtsstube, alles schön geschmückt, die Kinder sind da mit Freund und Freundin und an der Wand über dem fein polierten Biedermeierschreibtisch das Bild. Das Bild mit dem Mann in seiner schmerzhaften Zerbrechlichkeit, mit diesem hilflosen Blick. Sie sieht darauf und sagt: „Aber, ich bin ja da.“ Er fühlt, seit langem zum ersten Mal fühlt er etwas und das ist mehr und anders als Erleichterung.

Adventstraum

Von einem, der nicht gerade viel Grund zur Freude hatte, will ich erzählen.
Das ist Erwin, 46 Jahre, Landmaschinenschlosser. Erwin lebt auf dem Dorf, allein, ist seit zehn Jahren arbeitslos. Einmal hat er eine Annonce in die Zeitung gesetzt: „Junger Mann, angenehmes Äußeres, 43 Jahre (damals noch) sucht Frau bis 45, die auf dem Lande leben möchte und der Liebe und Treue noch etwas bedeuten. Nur ernstgemeinte Zuschriften, Passbild wäre schön.“ Nichtraucher und Nichttrinker stand auch noch drin, dass kommt immer besser bei den Frauen, dachte sich Erwin. Muss man ja auch nicht reinschreiben, dass man ab und an einen über den Durst trinkt. Acht Zuschriften hatte Erwin und mit zwei Damen hat er sich getroffen. Eine davon gefiel ihm gut, die Margitta, aber als sie dann hörte er sei arbeitslos, rief sie nicht mehr an. Na ja, hat nicht geklappt, mit Frauen hat er wohl kein Glück. Wenn der Garten fertig ist, auf dem Friedhof alles erledigt ist, ist Erwin viel in seiner Garage. Jetzt in der Adventszeit, wo es so plötzlich kalt geworden ist, heizt er sich wieder den kleinen Eisenofen und bastelt an seinem Trecker. Vorgestern ist er da neben dem Ofen auf dem Sessel beim Basteln eingenickt und hatte einen merkwürdigen Traum. Er träumte von Gott und der sagte zu Erwin:“ Morgen will ich dich besuchen, es ist ja schließlich bald Weihnachten und da mach` ich besonders viel Besuche.“ Nebenan bellte der Hund, da schrickt Erwin hoch. Komischer Traum, von Gott, der ist doch

höchstens was für´n paar alte Frauen. Als Mutter noch lebte, war ich öfter mit in der Kirche, aber jetzt, eine Ewigkeit nicht mehr. Na ja, werd ich mal aufräumen, man weiß ja nie, was so´n Traum zu bedeuten hat. Am Abend hat er alles vergessen und am nächsten Morgen soll der große Tag sein, an dem sein Trecker fertig wird. Der Motor, den sein Kumpel besorgt hat, ist endlich komplett drin. Alles noch mal überprüft, müsste laufen. Erwin versucht zu starten. Auf diesen Moment hat er fast ein Jahr hin gearbeitet. Da klopft`s. Der alte Lehmann. steht vor der Tür. Ah, der schon wieder, stöhnt Erwin. Dauernd sucht der Einen zum Reden, sonst fällt ihm die Decke auf den Kopf. "Kommst mit rüber, Erwin, hab´n Bier auf´m Tisch und ne Schmalzstulle. „Nee, kann nich Lehmann, hab´keine Zeit, siehste doch. Das Ding soll endlich laufen." Enttäuscht zieht der Alte ab und Erwin versucht wieder zu starten.

Da klopfst´s schon wieder und da steht die neue junge Postbotin, völlig außer Atem. „Ich hab hier Licht gesehen, können sie mal bitte helfen? Ich hab` mein Auto da hinten fest gesetzt. Ich kenn die Tour noch nich` so gut. Jetzt nach dem Regen hätte ich da nicht fahr`n dürfen.

„Zu blöd zum Fahr`n," knurrt Erwin. „Gehn se mal da rüber zum alten Lehmann, der hat Zeit", sagt er dann noch und lässt die Postfrau einfach stehen. Sie geht, ganz betreten, aber das sieht Erwin nicht mehr. Mit Frauen hat er abgeschlossen, soll sich der alte Lehmann kümmern. Jetzt, jetzt soll der große Moment kommen, für den er monatelang gearbeitet hat.

Er versucht zu starten, er rasselt dumpf, da klopft`s schon wieder. Und schon steht der alte Lehmann in der Tür und die Postfrau hinter ihm. „Ich fass es nicht" stöhnt Erwin.

„Wir schaffen`s nicht alleine, hilfst du Erwin?" „Ihr lasst ja doch keine Ruhe;" sagt Erwin dann wirft er einen liebevollen Abschiedsblick auf seinen dunkelgrünen polierten Trecker und kommt. Mit vereinten Kräften schaffen sie es dann, das Postauto rauszuschieben. Ziemlich voller Schlamm sind sie alle drei. Zuerst haben sie nur geschimpft, dann mussten sie lachen.

„Kinder kommt, sagt der alte Lehmann: „Ich lad` euch ein. Da sitzen sie nun, dreckig und erleichtert bei Schmalzstullen und Bier. Die Postfrau nippt einen winzigen Schluck: „Auf den Schreck", sagt sie. Lehmann erzählt seine alten Witze. Erwin kennt sie alle, aber heute muss er doch lachen, weil Lehmann sich so viel Mühe gibt für die junge Postbotin. Und hat sie nicht tatsächlich ihm zugezwinkert, ihm, dem Erwin, der kein Glück mit den Frauen hat? Als er Tschüss sagt: "Tschüss bis morgen und fahren sie vorsichtig.", ja da hat sie gezwinkert und sich bedankt. Abends dann im Bett kam wieder der Traum von Gott. Der sagte, denn er hat ja schließlich Humor: „Heut war ich bei dir, Erwin, ein Glück, dass du´s noch gemerkt hast."

Bäckermeister Haferlandts Weihnachtsfest

Haben sie schon von den Schenkern gehört. Es gibt solche Menschen, die schenken für ihr Leben gerne. Bäckermeister Haferlandt war so einer. Schon als seine Frau noch lebte, verschenkte er oft heimlich hinter ihrem Rücken ein paar Plätzchen, mal sogar ein ganzes Brot. Wenn die Kinder mit bettelnden Augen vorm Ladentisch standen, verzweifelt ihre Hosentaschen nach ein paar Centstücken durchsuchten, dann griff er mit seinen kleinen festen Händen ins Regal und sprach: „Nimm´s mit, wenn´s dich glücklich macht." Ja, so war der alte Haferlandt. In diesem Jahr nun hatte er sich etwas ganz Besonderes ausgedacht. Unter dem großen alten Schriftzug auf der Ladenscheibe stand am Tag vor dem 1. Advent, am 1. Dezember eine wunderschöne Krippe aus Pfefferkuchen und die Figuren lebensecht, wahrhaft jede ein Kunstwerk aus Marzipan. Bäckermeister und Konditorssohn war der Haferlandt, die Verzierkunst lag ihm im Blut und das sah man auch.
Es waren da nicht nur die schöne junge Maria mit Joseph samt Kind in der Krippe, Hirten Engeln und drei Weisen. Nein, es waren weitaus mehr Figuren dabei; Ochs und Esel eine Katze, Mäuse, Vögel, ein Kamel. Außerdem tummelte sich noch so allerhand zwielichtiges Volk aus Marzipan dort, ein Bankräuber mit Maske, ein fein gekleideter Banker ohne und eine Handvoll Tiere, die es bestimmt nicht im Heiligen Land gab. Genaugenommen waren es 24 Figuren, eine ganze Menge. Nun stand das Kunstwerk da an diesem 1. Dezember, von kleinen Lämpchen beleuchtet, die Kinder drückten sich die Nasen platt und bettelten ihre Eltern hineinzugehen. Wie gesagt, Herr Haferlandt war ein Schenker und so konnte man mit etwas Glück was erleben dort im Laden in der kleinen Stadt. Er war verwitwet, das hörten wir schon. Drei Hühner und einen Truthahn nannte er sein eigen. Weil er so gerne schenkte und auch ein bisschen verrückt war, mit seinen Tieren zu reden, hatten die Nachbarn ihn eines Abends zum Truthahn und den drei Hühnern sagen hören: „Ich schenk´ euch die Freiheit." Aber sie wollten nicht, als er die Zauntür öffnete und liefen eilig in den Stall zurück. So fütterte er sie weiter.
Wie gesagt, ein Schenker, so verschenkte er als erstes die Engelschar; einen an die kleine Susann im Rollstuhl, an den dicken Fleischer Wilhelm, seinen Freund, an die alte Oma Rosenkötter, die nur ihren Spitz als Gesellschaft hatte. Von Tag zu Tag wurden es weniger Marzipanfiguren. Die Zahnarztfrau, die gern einen hinter die Binde goss, weil ihr Mann sie mit den jungen Schwestern betrog, kriegte den schönsten König aus dunklem Marzipan. Der alte Pastor Fokken bekam eine Katze, weil er seine über alles liebte und gedachte, es seiner Katze besonders nett zu machen, wenn er ihr Heilig Abend diese kleine Marzipankatze bescherte. Der Wachtmeister Hegemann kriegte den Marzipanbankräuber und der Bürgermeister Giermann den Banker. Haferlandt schenkte und schenkte, jeden Tag ging einer in dem kleinen Städtchen glücklich nach Hause. Doch Haferlandt schenkte mit einer Bedingung; bitte, bis Heilig Abend 22.00 Uhr mit dem Verzehr des kleinen

Kunstwerkes zu warten. Es war in der letzten Woche vor Weihnachten, als die Krippe schon ziemlich leer war. Die Maria bekam die schwangere Emma, die mit 15 Jahren ein Kind erwartete und es nicht gerade leicht in der Schule und zu Hause hatte. Den Joseph bekam der vermeintliche Vater des Kindes, vermeintlich, denn Emma hielt dicht, aber alle wussten Bescheid, wie das so ist in der Kleinstadt. Am Heiligen Abend jedenfalls war Bäckermeister Haferlandts Krippenkunstwerk ausgeplündert. Nur noch der Pfefferkuchenstall stand da und mittendrin das Kind in der Krippe, einsam, aber immer noch hell erleuchtet von den winzigen Glühbirnen. Es war still in der schmalen Straße vor der großen Kirche, denn gerade war die zweite Christvesper im Gange, der Laden dunkel, bis auf die Krippe. Dann läuteten die Glocken und da strömten sie alle heraus, einer nach dem anderen, Fleischermeister Wilhelm, Oma Rosenkötter, Susann im Rollstuhl, Wachtmeister Hegemann, Bürgermeister Giermann und wie sie alle hießen. Alle mussten sie am Bäckerladen vorbei, warfen einen Blick auf die fast leere Krippe sahen das einsame Kind,.........und?
So gegen 21.00 Uhr läutete zum ersten Mal die Türglocke bei Haferlandt. Oma Rosenkötter stand mit einem kleinen Marzipanengel
vor der Tür und sagte: „Ich kann doch das Christkind nicht so einsam da stehen sehen... Kaum war sie im jetzt hell erleuchteten Laden verschwunden, läutete es wieder. Der Engelchor trudelte ein. Kurz darauf stand da noch die Zahnarztfrau mit dem schönen dunklen König , Emma mit Maria, der Apotheker mit dem Kamel und mittendrin stand Haferlandt mit einem seligen Lächeln im Gesicht und aus der Küche roch es so umwerfend gut, das keiner so schnell wieder gehen konnte. Man wünschte sich fröhliche Weihnachten und ein gesegnetes Fest. Für einen guten Roten hatte Haferlandt gesorgt, aus dem Duft machte er noch ein Geheimnis. 22 Figuren und 22 unterschiedlichste Menschen waren schon eingetrudelt, die aus den verschiedensten Gründen von Jesaja Haferlandt beschenkt worden waren und jetzt das Jesuskind nicht so allein stehen sehen konnten. Nur der alte Pastor Fokken fehlte noch, aber da klingelt´s schon und da steht er mitsamt der echten Katze auf dem Arm, damit sie nicht so allein ist. Haferlandt strahlt über das ganze liebe Bäcker- und Konditorgesicht, setzt die letzte Figur an die Krippe und lädt alle in die Backstube ein. Da ist doch tatsächlich eine Tafel gedeckt für 24 Personen und der Duft geht in Richtung.... wir ahnen´s schon. Haferlandt zuckt die Schultern, als er die Ofentür öffnet: „Ich hab ihnen die Freiheit angeboten, aber sie wollten nicht. Drei knusprig gebratene Hühnchen und ein Puter gefüllt mit dem Allerfeinsten tafelt er auf, dazu Klöße und Rotkohl, ein Dessert nach dem man sich die Finger ablecken kann und natürlich hausgebackenen Christstollen.
Doch bevor wir uns darauf stürzen, meine Lieben , schlägt Herr Haferlandt eine Bibel auf und liest mit bewegter Stimme den Text aus dem Buch des Propheten Jesaja:“ Denn uns ist ein Kind geboren, ein Sohn ist uns gegeben und die Herrschaft ruht auf seiner Schulter und er heißt Wunder-Rat, Gott-Held, Ewig-Vater, Friede-Fürst, auf dass seine Herrschaft groß werde und

des Friedens kein Ende auf dem Thron Davids und in seinem Königreich, dass er´s stärke und stütze durch Recht und Gerechtigkeit von nun an bis in Ewigkeit." Ja, das las er der alte Bäckermeister und Konditor Jesaja Haferlandt und die Krippe mit allen Marzipanfiguren leuchtete vom Festtagskerzenschein in ein besonderes Licht getaucht und daneben saß die fröhlichste Heiligabendtischgesellschaft, die die kleine Stadt je gesehen hatte.

Belmondo mit dem Hut

Er zog den Hut. Der alte Mann auf dem Friedhof mit dem langen weißen Bart zog tatsächlich den Hut. Wer tut denn das noch heutzutage. Der alte Herr tat es jedenfalls, stellte sich vor: "Raphael Bellmann, mein Name. Der breite Akzent verriet den Amerikaner aber es klang anders, als ob das Deutsch nur ein wenig eingerostet wäre. Und dann fiel mein Blick auf den Hut. Er drehte ihn in der Hand, es war ein besonderer, das sah man gleich, innen bestickt, einzigartig. Er folgte meinem Blick und sagte dann: „Dieser Hut gehörte meinem Großvater, hier unter der großen Kastanie war sein Grab. Mein Großvater Salomon Bellmann hat diesen Hut getragen. Er war Schäfer und ich wohnte damals bei ihm. Es waren schlimme Zeiten für uns. In der Stadt war es noch schlimmer, keiner kaufte mehr bei uns. Die Scheiben vom Laden wurden eingeschlagen. Meine Eltern mussten plötzlich weg. Da haben sie mich zu Opa Salomon gebracht und ich durfte mit ihm die Schafe hüten. Hab` alles gelernt, was ein Schäfer wissen muss: Klauen beschneiden, Schafe scheren, die Hunde hatte ich im Griff und sogar Käse haben wir selbst gemacht. Fast immer waren wir draußen auf den Wiesen und Feldern. Jede Ecke kannte ich hier. Manchmal war Zeit, sich ins Gras zu legen, in die Wolken zu schauen und zu träumen. Dann hat mein Großvater sich immer diesen Hut vor´s Gesicht geschoben und von früher erzählt. Einmal gab er mir den Hut in die Hand und sagte: Schau ihn dir genau an, Raphael." Dieser Hut ist was ganz besonderes. Deine Großmutter, Gott habe sie selig, hat mir was hineingestickt. Worte, die nie vergehen. Worte, die diesen Hut unschätzbar wertvoll machen. Lies mal vor, Raphael." Zum Glück hatte er mir das Lesen beigebracht und ich las, noch ein wenig holprig: Der Herr ist mein Hirte, mir wird nichts mangeln. Er weidet mich auf einer grünen Aue und führet mich..." „Es war tatsächlich in feinster roter Seide der ganze 23.Psalm eingestickt. Gute Worte für einen Schäferhut, gute Worte für meinen Großvater Salomon Bellmann und auch für mich. Schon bald wurde er krank, hustete immer stärker und eines Nachts hat er mich gerufen. Zehn Jahre war ich da alt.

„Raphael, mein Sohn, sagte er. Ich werde dich verlassen. Unser Herrgott braucht mich dort oben und ich werde seinem Ruf folgen. Sei nicht traurig. Du weißt alles, was ein guter Schäfer wissen muss, du kannst lesen, hart arbeiten und schnell laufen. Nimm diesen Hut von mir und denk immer daran,

das, was darin steht gilt auch für dich. Du musst Gott in deinem Leben und in deinem Herzen nur einen Platz lassen. Dann wird er diesen auch ausfüllen. Er kann dich nicht vor allem bewahren, aber er kann dich in allem behüten. Mach´s gut, mein Raphael, der Herr ist mein Hirte." Das waren seine letzten Worte, dann hat er sich auf den Weg gemacht und ich war ganz allein. Kurz darauf haben die mich ins Kinderheim gesteckt. Ich konnte nicht viel mitnehmen. Ein paar Sachen und den Hut. Den hab´ ich immer getragen. Er war noch ein bisschen groß, aber egal. Er war das Einzige, was mir von meinem Großvater geblieben war. Dann musste ich auch wieder zur Schule. Den Hut hatte ich immer dabei. Die anderen Kinder lachten: „Raphael Bellmann, guck mal, von ihm sieht man gar nichts, nur seinen Hut. Und schon hatte ich den Spitznamen Belmondo mit dem Hut. Aber ich hab mich nicht aus der Ruhe bringen lassen. Nur wenn`s zu schlimm wurde hab ich die linke Gerade angewandt, der schnelle Hieb mit der linken Faust, der bis jetzt jeden Gegner überrascht hat. Mit der Zeit ließen sie mich in Ruhe. Aber ich war oft traurig und allein. Von meinen Eltern hörte ich gar nichts. Der Krieg war voll im Gange und immer mehr Flüchtlinge kamen ins Dorf. Wenn´s ganz schlimm wurde hab ich mich aufs Bett gelegt und den Psalm im Hut gelesen." Der Herr ist mein Hirte....Wenn ich alles gelesen hatte, ging es mir besser.
Und eines Tages, der Krieg war schon drei Jahre vorbei, kam ein Brief aus Amerika, von Mama und Papa. Sie schrieben, dass es damals die einzige Chance war, so schnell zu fliehen.
Wir holen dich, lieber Raphi, schrieben sie. Vom Roten Kreuz haben wir erfahren, dass Großvater tot ist.
„Ja , und so war es dann auch, sagte der alte Herr. Sie haben mich geholt und ich habe lange da gelebt. Aber jetzt, wo ich alt und grau bin, wollte ich zurück. Dahin, wo der alte Salomon Bellmann begraben ist. Und seinen Hut hab ich immer noch. Gott ist auf der Hut gewesen mit mir, sonst wär ich heute nicht hier." Ja, so war das mit Raphael Bellmann. Da am Dorfrand hat er sich den alten Schäferkaten gekauft und wenn er grüßt, zieht er nach wie vor den Hut.
Den Jungs hat er die linke Gerade gezeigt und sie zieh´n vor ihm tatsächlich die Mütze.

Besuch bei Herrn Jakobi

Ich nehme sie heute mit zu Herrn Jakobi. Ein kleiner, alter Mann ist das, oft habe ich ihn besucht. Unverändert war seine Stube; der grüne Kachelofen, die schwarze, dicke Katze neben einer halbleeren Untertasse mit Milch, Sofa und Sessel und unzählige Bücher im dunkelwandigen Schrank. Ein bisschen unaufgeräumt, aber gemütlich war`s bei Herrn Jakobi und er hatte immer eine Kleinigkeit zu erzählen. Mit einem fröhlichen Blinzeln in den Augen ließ er durchblicken, dass er sich manchmal etwas schwächer stellte, als er war,

damit die hübsche junge Pflegeschwester noch einen Moment länger bliebe. Das erzählte er nur, wenn seine Tochter gerade draußen war. Kam sie herein, warf er ihr einen liebevollen Blick zu und sagte: „Nicht wahr, Magda? Die Schwestern sind doch immer nett zu mir."
Schon seit längerem konnte Herr Jakobi nun das Bett nicht mehr verlassen. Aber er war immer fröhlich, trotz schwerer Krankheit und auch als er dann nur noch mit dem Sauerstoffgerät über die Runden kam, hat er mir jedes Mal zugezwinkert und bevor ich ging, haben wir gemeinsam das Vater unser gebetet. Doch als er noch rüstiger war, hab` ich ihn mal gefragt: „Herr Jakobi, wie kommt es, dass sie immer so fröhlich sind, leicht war`s doch nicht in ihrem Leben?" „Ja Kind, recht hast du. Ich will dir erzählen, was ich nie vergessen kann, jeden Tag denke ich daran: Ich war ein kleiner dünner und schwächlicher Junge. All die anderen blonden pausbackigen, kräftigen Kerle lachten über mich, wenn ich bei der Körperertüchtigung, so nannte man das damals, auf dem Bock einfach sitzen blieb oder die Stange beim Hochsprung schon auf der niedrigsten Stufe fiel. Klein, schmächtig, dunkelhaarig, das entsprach so gar nicht dem arischen Schönheitsideal, dann noch Pfarrerssohn. Oft spotteten sie, passten mich vor der Schule ab und nahmen mir die Sachen weg. Manchmal ahnte ich, dass sie mir auflauerten und schlich an der großen Marktkirche nach Hause. Dort standen die Türen immer offen, nicht selten flüchtete ich hinein in die Stille, den Kerzengeruch, das Licht, dass so wunderbar durch die bunten Scheiben gebrochen wurde und stand dann vorm Kreuz. „Ach", seufzte ich jedes Mal, wenn ich Jesus anschaute und dachte an meinen strengen Vater, der immer sagte: „Unser Herr Jesus ist auch für dich gestorben, also mach dir nichts draus, wenn die Kinder dich ärgern. Du hast deinen Gott, dir kann keiner was." Aber ich brachte das nicht zusammen, die Kinder, die mich auslachten, ärgerten, quälten oder auch einfach stehen ließen und meinen Herrn Jesus, diesen Jesus hier am Kreuz, der so milde lächelnd dort hing, trotz der Schmerzen, die er zu haben schien. Nie bekam ich das zusammen, bis zu dem Tag, als sie es besonders arg trieben. Sie hatten mir meinen Ranzen weggenommen, die Bücher einfach ausgekippt, johlten und schrien: „He, Priestersöhnchen, wo is`er denn, dein lieber Jesus?"
Gerade machte der dicke kahlgeschorene Heberle seinen Hosenlatz auf, schrie den Hitlergruß und wollte auf meinen Ranzen, na du weißt schon... Da kam auf der anderen Straßenseite Isaak, der große schlanke Isaak: ein paar Jahre älter, schnell, stark, klug, irgendwie unangreifbar, deshalb hatten sie sich noch nicht an ihn rangewagt. Obwohl er seit einem halben Jahr den Judenstern tragen musste. Sofort sah er, was los war. In einer irren Geschwindigkeit nahm er den Herberle setzte, setzte ihn mitten in die Pfütze, hob Ranzen und Bücher auf, nahm mich an die Hand und brachte mich nach Hause. „Wenn wieder mal was ist, gib Bescheid", sagte der schöne Isaak. Sie ließen mich erst einmal in Ruhe. Isaak und ich wurden Freunde. So einen Freund hatte ich nie wieder im Leben. Er holte mich ab zur Schule, nachmittags hockten wir vor den Büchern, Sternkarten waren unsere Welt.

Isaak wollte Astrophysiker werden. „Ist er nicht“- sagte der alte Jakobi dann auf einmal ganz müde. „Sie haben ihn geholt, ganz plötzlich, ihn seine Eltern und die alten Großeltern auch. Der dicke Heberle stand schon vor der Tür, bereit zum Plündern, hat nur feist gelacht... Ich hab geheult, wochenlang. Fortan haben sie mich wieder geärgert, ich flüchtete wieder in die Marktkirche.
Und du wirst es nicht glauben Kind, der Jesus, war da wie eh und je, milde lächelnd, aber immer wenn ich ihn anblickte, dachte ich, ich schau in Isaaks gute Augen. Da wusste ich plötzlich, wenn Menschen leiden, leidet auch Gott und gerade im Schmerz ist er ganz nah bei mir. Ich wusste, in Jesu Spuren gehen, heißt zu begreifen, der Weg zu Gott ist kein leichter, weil er immer über den Weg zum Nächsten geht.
Jahre später hab´ ich Post bekommen aus Israel. Isaak hat als Einziger aus seiner Familie überlebt und wir haben uns lange geschrieben, lange, bis zu seinem Tod. Jetzt ist es bald an mir, mein Kind. Wir sind Wanderer, Durchgangsreisende mit einem dringlichen Auftrag, aufmerksam in die Welt zu schauen, den zu sehen, der unser Wort, unsere Liebe unsere Tat nötig hat. Jetzt mein Kind weißt du warum ich so fröhlich bin, weil es immer wieder Menschen gab wie Isaak. Und weil der Jesus in der großen Marktkirche, auch wenn sie schon lange nicht mehr steht, in den letzten Kriegstagen ist sie zerstört worden, also weil der Jesus überall in der Welt ein Gesicht und Hände hat und Füße, die für uns bis in den Tod gegangen sind.

Das dunkle Haus

In den Herzen vieler Menschen sieht es auch im Advent dunkel aus. Manch einer versucht ein Licht anzuzünden, andere versuchen es erst gar nicht. Wie in dem dunklen Haus an dem die kleine Anastasia jeden Tag auf dem Schulweg vorbeiging. Es war einstmals ein prächtiges Haus gewesen, das sah man noch. Stuck und Balustraden, Engelsgesichter alles verwittert und die große Eichentür mit den zwei Löwenköpfen hatte auch mal bessere Zeiten gesehen. Doch dieses Haus faszinierte die Kleine seit sie denken konnte. Selten nur drang ein schwaches Leuchten aus dem kleinen Oberlicht in der Tür. Selten nur führten Spuren durch das Herbstlaub die Treppe hinauf oder jetzt durch den Schnee. Anastasia wusste, dass dort eine Frau lebte, ganz allein. Grauweiße unbändige Locken hatte sie, trug dunkle, weite Gewänder, war einstmals sehr schön, das sah man noch. Doch Züge bitteren Schmerzes hatten sich in ihr Gesicht eingegraben. Anastasia wusste auch warum. Sie hatte ihren Sohn verloren. Er war einer der letzten Toten an der Mauer in diesem vergangenen Land DDR, das die Kleine nur vom Erzählen kannte. All das wusste sie von ihrer Mutter. Nun war es Advent und das große Haus blieb wieder dunkel zwischen all den mit Lichterketten geschmückten, sternbeglänzten Villen der Vorstadt. Heute Nachmittag hatte

es heftig geschneit. Die dunkle Dame des Hauses mit dem grau melierten Lockenhaar musste Schnee fegen. Anastasia sah sie schon von Weitem, näherte sich vorsichtig, scheu und unweigerlich angezogen zugleich, achtete nicht auf den Weg. Jetzt geht sie weg, aber nein, sie holt nur den Schneeschieber von der Hauswand. Das Mädchen macht eilig ein paar Schritte und übersieht den am Zaun angelehnten Besen.
Sie stürzt: „Au, mein Fuß." hält sich den schmerzenden Knöchel, liegt noch immer da, am Boden neben dem Besen. Jetzt kommt die Dame herbei geeilt , mit wehendem Haar. „Hast du dir wehgetan? Entschuldige, der Besen. Es tut mir leid." Sie hilft dem Mädchen. „Komm mit rein. Ich mach dir einen heißen Kakao.", sagt sie dann und Anastasia hört zum ersten Mal ihre tiefdunkle, melodiöse Stimme. Humpelnd betritt die Kleine das dunkle Haus. Es ist wirklich dunkel, ein großer Flur mit schwarz-weißen Fliesen, eine reichverzierte Treppe schwingt sich empor, unten sind riesige Flügeltüren. Da geht es ins Wohnzimmer, sparsam möbliert, ein Flügel, ein altes Sofa und ein in Gold gerahmtes Bild. Das muss er sein, ihr Sohn. Der Blick des Mädchens fällt unweigerlich darauf, als sie so gerade, wie es mit dem schmerzenden Knöchel nur geht auf dem Sofa sitzt und auf den Kakao wartet. Die dunkle Dame hat´s gesehen. „Du weißt, wer das ist?", fragt sie. Und wieder ist Anna erstaunt über diese tiefe, warme Stimme. Das Mädchen nickt ohne ein Wort. „Ja, das ist Chris. Er wollte Freiheit. Er wollte nach Amerika, die Welt entdecken. Das war ihm hier alles zu eng und zu beschränkt. Er hat´s nicht ausgehalten. Eines Nachts hat er´s gewagt an der Mauer. Du weißt?" Ja, ich weiß, sagt Anna. „Sie haben ihn erschossen." „ Ja," sagt die dunkle Dame, „einfach so. Ich hab` ihn nicht mal beerdigen dürfen." Dann schweigen die Beiden und Anna läuft eine Träne die Wange herunter. Wieder die dunkle, warme Stimme: „Es ist lange her." – Stille- „Mädchen, wie heißt du eigentlich?" „Anastasia, sagt das Mädchen, aber die meisten nennen mich Anna."
„Oh," sagt die Dame. „Ein schwerer Name, aber schön." „Ich zeig` dir was, sagt sie dann und öffnet die Tür zum Nebenzimmer. Eine Werkstatt, eine alte Nähmaschine, noch zum Treten.
„Das sind die Besten.", sagt die Dame. Und dann kann Anna nicht aufhören zu Schauen. Das Zimmer ist über und über gefüllt mit Stofffiguren Da sind wunderschöne kleine Tiere, Elche, Rehe, Kamele, auch schmale dunkeläugige Stoffpuppen zum Aufhängen, Krippenfiguren mit weicher Wolle gefüllt, Sterne , Herzen , eine Wunderwelt. „Damit verdien´ ich mein Geld ."
„Komm, kleine Anastasia, nimm eine Puppe. Such dir etwas aus." Anna nimmt eine zarte Maria mit dem Baby auf dem Arm, wunderschön. „Danke", sagt sie. „Es tut nicht mehr weh."
„Das schenk ich Mama zu Weihnachten "und dann fügt sie noch hinzu: "Darf ich dich mal wieder besuchen?" „Darfst du, kleine Anna. Morgen bin ich nicht da, da muss ich auf dem Adventsmarkt stehen, aber dann in der nächsten Woche, da bin ich hier. „Darf ich auch meinen Bruder mitbringen?" fragt Anna noch. „Ja, auch den." Und dann schlägt die große dunkle Tür hinter ihr

zu. Die Tage vor Weihnachten vergingen wie im Fluge. Dann kam der vierte Adventssonntag. Anna hatte zu Hause alles erzählt. Fritz, ihr Bruder, mit vollem Namen Friedemann hatte gespannt zugehört, auch die Mama und sie hatten zu dritt einen Kuchen gebacken, auch Sterne gebastelt, ganz einfach weiß, mit vier Zacken. Einen davon sollte die dunkle Dame bekommen. Zum Kaffee zogen die Beiden los. So konnte Mama in Ruhe Geschenke einpacken. Sie klopften vorsichtig mit dem Ring am Löwenmaul an die schwere Eichentür. Als hätte sie bereits gewartet, machte die Dame die Tür auf, freute sich über den Kuchen, der Kakao stand schon auf dem Tisch und leckere Plätzchen auch. „Und wie heißt du, junger Mann?“, fragte sie. Schön sah sie aus mit ihrem wilden Lockenhaar und dem dunkelblauen Kleid aus feinem Stoff. „Fritz“, sagte der kleine Kerl, „mit ganzem Namen Friedemann August“. „Gestatten“, sagte er noch und machte eine kleine Verbeugung, das hatte er im Film gesehen. So war er immer, der Fritz, ein bisschen altklug. „Ob ich vielleicht mal auf ihrem Flügel spielen dürfte?“, fragte er dann. „Oh“, sagte die Dame und Anna spürte ihr Erschrecken.“ Da hat mein Chris zuletzt drauf gespielt. Ich lass ihn jedes Jahr stimmen, aber gespielt wurde er seitdem nicht mehr. „Aber ich bin ein großartiger Spieler.“ sagte Fritz und das stimmte. Dann machte er wieder eine kleine Verbeugung, setzte sich dran und spielte.

Es war einfach wunderbar, Bach, die kleine Fuge, Mozart und dann Chopin, bezaubernd.

Die Töne perlten durch das hohe Zimmer. Anna saß bei der dunklen Dame, sah in ihr Gesicht, dieses schöne, traurige Antlitz in dem man alles lesen konnte; die Erinnerung, den Schmerz aber auch eine stille Freude und Frieden. Ja, ein Frieden, den wir uns nicht selber geben können, lag auf ihrem Gesicht. Als gäbe es eine ungeahnte Verbindung zwischen Himmel und Erde und sie hätte sie an diesem Abend geschaut. Der letzte Ton verklang. Es war lange Stille, dann sagte sie einen einzigen Satz: „Ich danke Gott für euch.“

Bis der Friedemann die erneute Stille durchbrach und darum bat, die Werkstatt sehen zu dürfen. Das war der Beginn einer wunderbaren Freundschaft. Als Anastasia und Friedemann am nächsten Tag am dunklen Haus vorübergingen hing der kleine weiße Stern im Oberlicht der Tür. Der ganz Kleine, mit nur vier schmalen Zacken, die sich sehnsüchtig in den Himmel streckten, wie geöffnete Arme. Ein klein wenig Platz war geworden in dem dunklen, traurigem Herz und da passt etwas hinein, was wir Hoffnung nennen. Hoffnung, dass Gott die Kraft hat uns für die Ewigkeit vorzubereiten und in unserer Endlichkeit Trost zu schenken.

Das Fräulein Cornetzky

Von zwei ganz unterschiedlichen Menschen möchte ich erzählen, die eigentlich kaum etwas gemeinsam hatten und dennoch einander wirklich begegnet sind und Gott begegnet sind.
Diese beiden, dass waren Fräulein Cornetzky, 87 Jahre alt und Ernst, 11 Jahre.
Fräulein Cornetzky muss man sich so vorstellen: zierlich, weißhaarig mit Dutt und strahlend weißer Spitzenbluse. Sie war Damenmaßschneiderin gewesen und lebte jetzt schon lange im Ruhestand in einer bescheidenen anderthalb Zimmerwohnung.
Und Ernst ist mit seinen elf Jahren klein, fast schmächtig, mit Brille und oft auch ernst, ein Grübler eben.
Diese beiden führte der Zufall zusammen, als Fräulein Cornetzky hilflos im Papiercontainer wühlte, weil ihr der Wohnungsschlüssel hineingefallen war. Ernst kam vorbei und fragte höflich: „Kann ich ihnen helfen?" „Aber gerne, mein Sohn.", sagte die alte Dame und schilderte ihm das Unglück. Das war für Ernst nicht das Problem, in den Papiercontainer zu steigen und zwischen all den alten Zeitungen und Pappkartons den Schlüssel herauszufischen.
Das war der beginn einer langen Freundschaft. Es gab süßen Himbeersaft und Plätzchen als Dank für den Retter. Und weil es so ein bisschen vornehm und spannend bei Fräulein Cornetzky war nahm Ernst die Worte vom Fräulein ernst und kam wieder.
Gespräche über Gott und die Welt führten die beiden. Tiefe Gedanken wälzten sie über das Universum, die Sterne und Gott, über grausame Menschen und über den Krieg, den Fräulein Cornetzky erlebt hatte. Sie sprachen über das alte Königsberg mit all seinem Glanz, denn von dort kam das Fräulein und das Einzige, was sie noch hatte von dort, dass war ihre Konfirmationsbibel mit hauchdünnen Seiten und Goldrand.
Ernst durfte sie anschauen, vorn im Einband stand mit Bleistift: Mein Konfirmationsvers: „Lasset die Kinder zu mir kommen und wehret ihnen nicht, denn solchen gehört das Reich Gottes. Wahrlich, ich sage euch, wer nicht das Reich Gottes empfängt wie ein Kind, der wird nicht hineinkommen." Lukas 10/14,15 Darunter stand: Unser Trauspruch, aber da war Ernst bereits hängen geblieben an einem Satz. „Den Kindern gehört Gottes Reich, mir auch?"
„Dir auch, mein Ernst, denn Gott hat dich so gemacht wie du bist. So einen kleinen, ernsten, neugierigen Ernst und als du getauft wurdest, hat er noch einmal ja gesagt. Gut, dass es dich gibt, ich will dich behüten und nicht aus den Augen lassen, möchte, dass du fröhlich bist und auf mich hörst. Wenn du dann konfirmiert wirst, ist es an dir, ja zu sagen. Ja, ich will, dass du mit mir den Weg durchs Leben gehst. Und vielleicht, vielleicht, sagte Fräulein Cornetzky hat Gott ja gewusst, dass meine Finger ein wenig zittrig sind, so dass mir der Schlüssel aus der Hand fiel und wir uns begegnet sind."

„Du meinst, sagt Ernst, „dass hat Gott mit Absicht gemacht, dass du zitterst?“ „Ich tu´s ja nicht immer,“ sagt Fräulein Cornetzky, „nur manchmal, damit er mir jemanden schickt wie dich.“ „Mm, sagt Ernst, das ist mir doch ein Vergnügen, erst gehört mir Gottes Reich und dann werd ich gleich zu dir geschickt. Ist ja gut, wenn er es sagt, dass er meine Hilfe braucht.
Und so ging der Ernst für dieses Mal ganz ergriffen von seiner Wichtigkeit nach Hause um bald darauf wieder einzuschauen.

Da hat doch wohl jemand die Hand drüber

Wer ist der alte Mann, da auf der Straße? Das ist doch Arthur Reppenhagen. Der alte Arthur, schlohweiß ist sein Haar geworden, faltig die Haut, von der Sonne sehr dunkel, mühsam sein Gang. So sah Arthur nicht immer aus. Schwarz waren seine Haare damals und immer etwas zerzaust, die dunklen Augen blitzten unternehmungslustig. Sobald der Arthur das Haus verließ, war was los. Er war natürlich der Anführer der Jungs im Dorf und hatte immer gute Ideen. Im Herbst ging es in die Äpfel. Die dicksten und rotbackigsten wuchsen bei der alten Trude vor der alle Kinder Angst hatten. Sie lauerte meist schon in der Hecke und ließ dann den Krückstock auf dem Rücken der Kinder tanzen. Eine Begebenheit blieb den Leuten lange, lange in Erinnerung. Es war in einem ein Apfeljahr. Weit leuchteten die Früchte aus dem Garten der alten Trude. Ganz früh morgens schlich sich Arthur Reppenhagens Bande in den schönsten Apfelbaum des Dorfes. Arthur war flugs obenauf, ganz an der Spitze. Die Trude liegt wohl noch gemütlich in den Federn. Und so wandert ein Apfel nach dem andern in den alten, grünen Rucksack. Bis, ja bis die alte Trude sich ganz heimlich still und leise, geschwind für ihr Alter, herangeschlichen hatte. Sie ließ den Krückstock auf dem Rücken der Jungs tanzen, dass es nur so eine Freude war für das böse, alte Weib. Ganz oben saß Arthur Reppenhagen. Er konnte ihr diesmal nicht entkommen. Behutsam klettert er Ast für Ast herunter, bleibt direkt über der alten Trude stehen, gerade will sie zuschlagen. Die Jungs schauen gebannt aus den Büschen, da öffnet er mit einem zauberhaften Lächeln seinen Rucksack. Die schwarzen Augen blitzen und er sagt: „Aber Frau Gertrud, die haben meine Männer und ich doch nur für sie gepflückt.“ Der Stock bleibt in der Luft stehen, der Trude bleibt der fast zahnlose Mund offen vor Verwunderung. Galant schwingt sich Arthur vom Baum und schüttet die Äpfel in den Korb. „ Da hat doch wohl der liebe Gott die Hand drüber über dem Burschen..“ murmelt die Trude und Arthur zieht pfeifend davon.
Ja, so war das immer mit Arthur und er hatte viele Streiche im Kopf. Sei es, das er sich ganz schwarz anmalte, eine Apfelsinenschale verkehrt herum in den Mund steckte, ein langes Brett auf die Treppe legte und dann vom ersten Stock im Haus als Mohr verkleidet auf die Straße radelte. Sei es, dass er auf dem Dachfirst balancierte. Alle schlugen die Hände über dem Kopf

zusammen, doch Arthur Reppenhagen stolzierte auf dem First, als wäre es der Bürgersteig vor Kaufmann Hansens Laden. Er stürzte nicht ab. „Da muss doch wohl der liebe Gott die Hand drüber haben, über dem Burschen, ...“sagten die Leute.

Dann wurde Arthur größer und ratet mal, was er werden wollte, als freiheitsliebender Mensch? Alle sieben Meere wollte er bereisen. Er ging zur See... und nicht einfach so auf den Kutter. Es musste schon ein Segelschiff sein, davon hatte er schon als kleiner Junge geträumt. „Arthur, Arthur, gib acht auf dich.“ sagte die Mutter. „Du weißt doch Mutter, da ist was dran, was die Leute immer sagen; „Da hat doch wohl der liebe Gott seine Hand drüber, über dem Burschen.“ „ Ja, mein Junge, dass glaub ich auch. Für dich hat unser Herrgott wohl eine ganze Mannschaft mit Schutzengeln bereitgestellt. Aber sei trotzdem vorsichtig.“ Und so segelte der Arthur los und besegelte die sieben Weltmeere, hatte dreimal Schiffbruch. Vor Sri Lanka hätte ihn in einem Sturm fast der Mastbaum erschlagen, aber nur fast, wir wissen ja. „Da hat doch wohl... Der Artur Reppenhagen, ja das war einer. In jedem Hafen freuten sich die Mädchen, denn er konnte tanzen“ wie ein junger Gott“ sagten die Leute. Aber nach Haus brachte er keine mit zu seiner alten Mutter. Da wartete sie vergebens: „Nein, sagte er immer, der liebe Gott hat genug mit mir zu tun.“ Und das hatte er wirklich, als es dem Arthur plötzlich einfiel, die Welt einmal ganz zu umsegeln. Vor Grönland, das Packeis, das war nicht ohne. Drei Wochen lagen sie fest und keiner wusste, wie lange noch. Die Vorräte wurden knapp. Bis eines Morgens die Sonne so anders schien. Da wusste der Arthur, es ist vorbei, es taut. Er pfiff vergnügt. „Da muss doch wohl jemand die Hand drüber haben“, sagte die Mannschaft und war bereit, alles zu geben für ihren tapferen Kapitän.

So gingen die Jahre.

Die alte Mutter ist längst auf dem kleinen Kirchhof begraben und Arthurs Haare wurden hell und heller. Sonst sah er immer noch so aus, wie der Bursche damals, mit Lachfalten im Gesicht und der Haut so braun wie sie nur die Seeleute, Bauern und Förster haben. „Es ist an der Zeit“, sagte der Arthur „ich werd´ mich wohl zur Ruhe setzen.“ Das alte Haus seiner Mutter stand noch da wie eh und je. Kaum das er mal die Fensterläden gestrichen hatte, nur das Bad war gemacht. Innen war es gefüllt mit Schätzen aus aller Welt, die der Arthur mitgebracht hatte. „Es ist an der Zeit“, sagte der Arthur und zog für immer ein. Nichts mehr mit Hafenkneipen und Tanz mit den Mädels, nichts mehr mit Segeln bei fliegender Gischt und Möwengeschrei. Aus mit der Freiheit? Nein, ganz so war´s nicht. Der Arthur brachte das Haus auf Vordermann, bepflanzte den Garten und ließ sich´s wohl sein auf seine alten Tage.

Bis, ja bis er beim Kirschenpflücken vom Baum stürzte, komplizierter Bruch. Abends spät war´s gewesen, fast schon Dämmerung, da war er neben die Leiter getreten und wenn ihn die junge Nachbarin nicht gefunden hätte, wärs´s wohl aus gewesen mit Arthur Reppenhagen. Aber sie hat ihn gefunden, die Brita, die nebenan mit ihrer kleinen Tochter und 25 Pferden

wohnte. Der Mann war über alle Berge, weil ihm das zuviel war mit den Pferden. Sie hatte ihn gefunden und die Leute im Dorf hatten mal wieder Anlass zu sagen: „Da hat der liebe Gott doch wohl mal wieder die Hand drüber..." Doch nun war´s nicht leicht für den alten Arthur, trotz Operation und Kur blieb ein Bein verkürzt und er humpelte fortan. Aber Schmerzen hatte er keine. Alles ging ein bisschen langsamer. Er machte seinen Garten und war immer öfter bei Brita zu sehen, hütete das Töchterchen, half bei den Pferden aus, denn für Pferde und Kinder hatte er ein Gespür, das war gleich zu merken. Leicht hatte sie´s auch nicht, die Brita. Die Kredite für den Pferdehof mussten abgezahlt werden, die Bank saß ihr im Nacken und die Arbeit war auch kaum zu schaffen, mit all den Reitstunden und 25 Pferden allein. Da war ihr der alte Arthur eine große Hilfe. Doch eines Morgens tauchte er nicht auf. Nach langem Klopfen, holte Brita Hilfe. Kaum waren sie drinnen, da war es allen klar. Das Haus war so still. Arthur, der wilde Arthur hatte das Zeitliche gesegnet, war von dieser Welt gerufen worden. Ganz friedlich lag er da, im Bett. Brita kümmerte sich um alles.
Nun war die Beerdigung heran. Es goss in Strömen, den ganzen Morgen. Doch dann in der Kirche, da brach ein Sonnenstrahl durch, keiner hätte das gedacht und als die Leute aus der Kirche kamen; strahlender Sonnenschein. „Da muss doch wohl jemand die Hand drüber halten „, sagten die Leute. Wie es dann weiterging? Der Arthur hatte ein Testament gemacht und da stand drin: „Ich, Arthur Reppenhagen vermache Haus und Hof meiner Nachbarin Brita, der Pferdefrau und nun; Lebewohl, schöne Welt und lustiges Leben. Ich geh` heim zu meinem Schöpfer, der mir einst mein wildes und verrücktes Leben schenkte und immer die Hand über mir hielt.

Das Leben schreibt Geschichten

Das Leben schreibt Geschichten, die zwischen Menschen passieren, zwischen Abgesicherten und Überlebenskünstlern, zwischen Ost- und West, zwischen Menschen, die sich normalerweise nie näher gekommen wären. So auch die Geschichte von Gertrude Degenhardt und Ede Jablonski, Kräuter – Ede genannt. Gertrude war Witwe, seit kurzem, unendlich traurig aber auch tapfer, sortierte sie den Nachlass ihres Mannes. Ottos Arbeitszimmer hatte sie immer gemieden, als sein Reich akzeptiert. Jetzt, nach seinem plötzlichen Tod, Schlaganfall, ohne dass er wieder zu Bewusstsein kam, räumte sie in seinem Schreibtisch. Die Beerdigungsrechnungen waren gezahlt, die ersten furchtbaren Wochen lagen hinter ihr. Jetzt zog Stille ein und sie traute sich zu, seinen Schreibtisch anzuschauen. Wohlgeordnet war alles, als Steuerbeamter lag ihm das im Blut. Sie hatten es dank seines Fleißes und Korrektheit zu bescheidenem Wohlstand in einem ruhigen Hamburger Vorort gebracht. Nette Nachbarn, man kannte sich in der Straße und Kirchgemeinde, war zusammen älter geworden. Kinder gab es keine, nur eine Katze; Minette. Sie hatten es sich nicht sagen lassen, an wem es gelegen hatte, dass keine Kinder kamen. Gertrude und Otto hatten versucht, so ein glückliches Leben zu führen, mit Ottos geregelter Arbeit, Gertrude war zu Hause, Minette und dem Garten. Und jetzt, im zweiten Jahr des Ruhestandes, hatte es Otto erwischt, von einem Tag auf den anderen. Nun saß sie hier und kramte in seinen Schubladen; Bilder aus ihrer Verlobungszeit, das Haus, als sie es gerade übernommen hatten, Minettes Vorgänger, der Kater Fidelio und ein Brief. Mit Ottos akkurater Handschrift säuberlich beschriftet: „An meine liebe Gertrude, falls mir mal was passieren sollte.“ Gertrude liefen die Tränen, als sie behutsam öffnete und las: „Meine Liebe, wenn du diese Zeilen liest, bin ich wohl nicht mehr bei dir. Für dein Auskommen ist ja gesorgt. Für meins auch. Aber ich bitte dich um einen Gefallen. Meine Sachen, bis auf den grauen Anzug, verschenke bitte an Kräuter- Ede, immer wenn er etwas braucht und dazu jeden Freitag ein feines Essen. Er ist ein guter Mensch, steht montags, mittwochs und freitags am U-Bahneingang mit Pilzen und besonderen Kräutern. Du wirst ihn schon finden. Also, erfüll` mir den Wunsch. Bis auf ein Wiedersehen! Ich glaube fest daran. Dein dich liebender Otto.“

Das war ein Schreck. Der Otto, wie kam er auf diesen Kräuter-Ede? Ja zweifellos hatte er als Feinschmecker immer besondere Kräuter mitgebracht. So manches mal fragte sich Gertrude, wo er das wieder aufgetrieben hatte; Frühjahrsmorcheln, Bärlauch, frische Maronen und Steinpilze, zarter Löwenzahn, Brennnesselsamen und Brunnenkresse, aber das das alles von diesem Penner an der U-Bahn kam, hatte Gertrude nicht gewusst. Eine Woche wartete sie, dann war es schon wieder Mittwoch und sie überwand sich. Mit welchen Gedanken hatte sie sich herumgeschlagen. Man weiß ja nie, was in so einem vorgeht, womöglich überfällt er mich und raubt mich aus? Oder er ist Alkoholiker, vielleicht hat er auch mit Drogen zu tun?

Doch sie nahm allen Mut zusammen, um ihrem Otto den Wunsch zu erfüllen und ging zur U-Bahnstation. Sie sah ihn sofort. Auf der Treppenbrüstung hatte er seine Köstlichkeiten ausgebreitet, stand da im wogenden Heer der Menschen mit einem braunen Hut, schwarzgrau- meliertem Haar, zum Zopf gebunden, ein wenig wild. Wie ein Tier, das sich in der Großstadt verirrt hat. Vor ihm eine köstliche Auswahl von Speisepilzen. Der Duft des Waldes schlug herüber, als sie näher kam, die kleine Gertrude mit Hütchen und Handtasche. „Guten Tag, Herr Kräuter Ede.“ Misstrauisch runzelt er die Brauen, von ältlichen Frauen mit Hut hatte er meist nichts Gutes zu erwarten. Aber die Stimme war freundlich und sie hatte ihn mit „Herr“ angesprochen. Das hatte er lange nicht mehr gehört. Die Frauen vom Amt, sagten zwar auch „Herr Jablonski“, aber so von oben herab und leicht angewidert, als hätte man ihnen ein schmutziges Taschentuch gereicht. „Was gibt's ?, fragt also Kräuter- Ede. „Mein Mann, mein Mann“, stammelt die kleine Frau: „Otto Degenhardt, ich weiß nicht, wie gut sie ihn kannten, ist vor acht Wochen gestorben und er hat mir einen Brief hinterlassen. Ich soll, ich möchte sie einladen, jeden Freitag, Punkt 12.00 Uhr zu einem Essen und ein paar

Sachen hab ich auch für sie.“ Ede ist erschrocken und vorsichtig zugleich. Ist das eine Falle? Macht sich da einer lustig? Nein, so sieht sie nicht aus. „Der Otto war in Ordnung.“, sagt er dann. Viel Reden, war nie Ede`s Stärke. „Ich komme.“ „Bachstraße 13“, sagt Gertrude noch schnell bevor die Menschenmenge sie zum Ausgang schiebt. Freitag Punkt 12.00 Uhr steht er dann vor der Tür mit der Sonntagsjacke, ein Strauß Wegwarte mit Rainfarn im Arm, für Ottos Grab. Getrude hat Schnitzel vorbereitet, in Rahmsauce mit Kroketten. Sie sitzen in der Küche. Minette schnurrt sofort um Edes Beine. Er traut kaum, sich umzuschauen und Elfriede ist auch ganz verlegen. Das Besteck klappert überlaut auf den Tellern, Ede schmeckt`s, viel geredet haben sie nicht. Aber zum Schluss gibt sie ihm noch eine von Ottos Hosen. Sie passt, bloß nicht am Bauch. „Macht nichts“ sagt er und nimmt den Ledergurt, schnürt ihn um, dankt und geht zur Tür. „Bis nächste Woche.“ Gertrude ist erleichtert, dass er fort ist, aber auch froh und stolz auf sich. Seinen Wald- und Wiesengeruch hat er da gelassen. Ach ja, der Blumenstrauß. Jede Woche bringt er ihr einen mit, kommt pünktlich um zwölf und langsam beginnt Gertrude sich zu freuen, auch wenn die Nachbarn tuscheln. Nach und nach erfährt sie Ede Jablonskis Geschichte. Ursprünglich stammt die Familie aus Polen. Sein Vater war Erntearbeiter auf dem Gutshof. Erst von dem Gutsbesitzer, dann von den Nazis herumkommandiert, später von den Russen gedemütigt, hatte er nie wieder im Leben aufgemuckt, war früh gestorben. Die Mutter, eine Deutsche, als Polenhure verschrien, hatte zurückgezogen in einem Dorf in der Uckermark gelebt. Ede, der einzige Sohn, ging schon früh in die Wälder, liebte die Einsamkeit, kannte jeden Pfad, jede Pflanze jedes Tier. Er lernte beim Forst. Dann starb die Mutter. Ede war jetzt ganz allein im armseligen Katen. An Mädchen traute er sich nicht heran, floh in den Wald. Bis zur Wende hatte Ede Arbeit, dann kam der Unfall und mit ihm die Arbeitslosigkeit. Beim Baumfällen war was schiefgegangen. Keine Versicherung erkannte das an. Eigenverschulden! So war´s bald vorbei im Dorf, der Alkohol sein einziger, zweifelhafter Freund. Bis an dem Morgen, als er im Wald aufwachte und sich sagte: „So geht´s nicht weiter mit dir Ede Jablonski.“ Er schlug sich durch bis Hamburg. Doch sein zu Hause blieben die Wälder, dort kannte er sich aus. Aber fortan stand er an der U-Bahnstation mit Pilzen und Kräutern Findige, junge Köche hatten ihn entdeckt, so dass er bald vornehme Hotels durch den Hintereingang mit ausgefallenen Waldfrüchten belieferte. Nachts schlief er in verlassenen Bootsschuppen, im Winter im Obdachlosenheim. Wie die Geschichte ausgegangen ist?

Eines Tages sagte Gertrude Degenhardt. „Herr Jablonski, was halten sie davon, wenn ich ihnen mein Gartenhaus zur Verfügung stelle? Ein Ofen ist drin und Wasser, ein Wohn- und ein Schlafraum.“

Drei Tage ließ sich Ede Zeit, dann zog er ein. Er half im Garten, im Sommer war er öfter lange weg in seinen geliebten Wäldern. Dann belieferte er seine treuen Kunden. Wurde es kälter, kam er zurück. Er hatte ein Zuhause gefunden und Gertrude war auch nicht mehr so allein. Irgendwann passten ihm Ottos Hosen auch ohne Gürtel.

Der alte Silberstein

Der alte Silberstein fegte vor seiner Ladentür. Seine Haare leuchteten schlohweiß in der Abendsonne. In der kleinen Stadt am Meer sagten alle nur „oller Silberschuh“ zu ihm. Schon sein Vater war Schuster dort gewesen. Manche meinten der Alte sei nicht ganz richtig im Kopf, denn oft vergaß er Geld zu verlangen und den armen Schluckern machte er die Schuhe umsonst. Jetzt schloss Silberschuh die Ladentür und auf der Straße wurde es still. Kaum hatten sich die Spatzen wieder vor den Laden gesetzt, da kam ein Blondschopf mit einer langen Angelrute angesprungen. Es war Heinrich, der Fischerjunge, der drei Mal in der Woche zum Hafen angeln ging. Vor der Ladentür blieb er plötzlich stehen. Ein zarter Geigenton flirrte auf die Straße. Heinrich drückte seine Nase an die schmutzige Scheibe. Da konnte er den Alten erkennen. Auf dem Schusterhocker saß er mit seiner Geige, spielte, die Augen fest geschlossen. Heinrich war wie gebannt von der zarten Melodie. Da, jetzt hatte ihn der Alte gesehen. Erschrocken sprang der Junge zurück. Na nu, der winkt doch. Ich soll hereinkommen zum ollen Silberschuh? Vorsichtig öffnet Heinrich die Ladentür und wäre fast über die vielen unfertigen Schuhe gestolpert. Dann bedeutete ihm der Alte ohne die Geige aus der Hand zu legen, sich auf den einzigen Stuhl in der Werkstatt zu setzen. Vorsichtig nahm der junge Platz und lauschte und lauschte. Der Alte spielte. Die Töne tanzten im Raum umher, dass Heinrich alles vergaß. Seit diesem Abend saß er oft bei dem ollen Silberschuh. Manchmal sprachen sie drei Worte über das Wetter und ob die Fische wohl beißen. Einmal haben sie zusammen einen Käse gegessen. Aber meistens saßen beide versunken da. Silberschuh spielte und Heinrich lauschte. „Vergiss es nie,“ sagte Silberschuh eines Tages “Musik ist die Sprache der Engel.“ Er lehrte Heinrich das Hören, dazu brauchte er keine Worte. Doch dann kamen die schlimmen Zeiten. Heinrich kam immer seltener. Es wurde gefährlich, zu dem Alten zu gehen. Oft waren hässliche Wörter an die Ladentür geschmiert. Der Alte strich sie jedes Mal mit einer anderen Farbe über, so dass die Tür schon ganz bunt aussah. Eines Abends saß Heinrich mit seiner Mutter am Tisch. Der Vater war auf´s Meer raus gefahren. Da klopft es plötzlich wild an die Hintertür. Heinrich springt auf, Silberschuh mit einer Platzwunde am Kopf, in der Hand die Geige. „Sie, sie haben alles zerschlagen..“ stammelt er. Die Mutter schließt schnell die Tür, sie hat Angst. Der Junge sagt immer wieder: „Vater, Vater muss ihn über´s Meer bringen, das Boot. Er kommt doch heute Abend. “Der Junge schluchzt: „Er muss ihm helfen, bitte Mama. Bitte!“ Im Bett faltet er die Hände und schläft übers seinem Gebet ein. Am nächsten Morgen, als Heinrich aufwacht, ist es still. Die Sonne malt helle Kringel auf die weißen

Kissen. Neben seinem Bett liegt der Geigenkasten. Es ist ein Zettel darin, oben auf der Geige: „Schalom Heinrich!“ steht mit krakeliger Handschrift darauf. Viel, viel später bekam Heinrich einen Brief aus Israel. Heinrich war inzwischen Musikstudent, Geige seine Passion. Sie schrieben einander. Ein paar Jahre sollte es noch dauern bis zum Wiedersehen. Heinrich war jetzt Geiger, erster Geiger in der Staatskapelle. Nie vergaß er seinen ersten Lehrer, der ihn das Hören lehrte. Und eines Tages in Jerusalem, beim Gastspiel war es soweit. Der hundertjährige Greis saß ganz vorne, immer noch mit fülligem Haar, ganz klar und aufmerksam, doch klein geworden und krumm schloss der große blonde Heinrich ihn in seine Arme.

Ein Advent unter anderen in der Krise

Ich versuche sie mitzunehmen in ein deutsches Wohnzimmer im Dezember 2008, mit zu Herrn Baranski, 52 Jahre alt Teppichhändler. Er sitzt vor dem Fernseher, beim Bierchen, zappt wie gewöhnlich. Er ist es nicht gewöhnt, bei einem Film zu bleiben. Unruhe durchtreibt sein Leben. Als Teppichhändler ist er viel unterwegs; Singapore, Delhi, Bangkok, Chicago, Moskau. Baranski kennt sie alle, die Flughäfen, die Unterhändler, die Hotels mit den immer gleichen Gesichtern, den Bars, an denen er lange Abende verbringt. Jetzt hat er zwei Tage Zeit, vielleicht werden mehr daraus. Die Finanzkrise hat auch Baranskis Teppichgeschäft überrollt. Die Großkunden sind vorsichtig, kaum etwas wird verkauft, Die Aktien fallen und fallen ins Bodenlose. Baranski hat Angst, aber jetzt erstmal Feierabend. Die Angst wird auf die schlaflose Nacht verschoben. So zappt er sich durch´s Programm. Er ist allein, die Frau mit einem Jüngeren durchgebrannt, die Tochter erwachsen, ihm fast fremd geworden. Am Schönsten, denkt er manchmal, waren die Jahre als sie ihn beide noch sehnsuchtsvollen Blickes am Flughafen abholten. Das kleine Mädchen mit den blonden, wippenden Zöpfen auf ihn zu rannte ... lang ist´s her. Aber jetzt also endlich Fernsehen, eine Natursendung, schön, weiße Unendlichkeit, Schnee, Eisbären, wie gewaltig, aber bedroht. Die Polkappen schmelzen, der Lebensraum wird immer kleiner. Die besorgte Stimme des Sprechers rieselt in Baranskis so schon gedrückte Stimmung. Umstellen; Schlammlawinen in Brasilien, Hunderte obdachlos, grausam, schnell weiter. Ein Liebesfilm, eine Weile hält`s Baranski aus, bis die Frau den Mann eiskalt abserviert, Fehlanzeige, nächstes Programm: Aktienkurse und sie fallen, fallen, besorgte Politiker versuchen Stimmungen aufzufangen, aufhalten können sie nichts. Tief deprimiert geht Baranski ins Bett. Da durchbricht ein anschwellender Klingelton die Ruhe der Nacht. Wer ruft an, so spät in der Nacht, wer überhaupt außer den engsten geschäftlichen Vertrauten hat seine Nummer? Krankenhaus, eine Schwester ist am Apparat, nennt den Namen seiner Tochter, schwerer Unfall, Not-OP, aber sie wird´s wohl schaffen.

„Sie können heute nichts mehr tun“, versucht die Stimme am anderen Ende zu beruhigen. „Bleiben sie zu Hause, bei dem Glatteis, morgen, wenn alles gut geht, können sie sie sehen.“
Aus- Ruhe-, die Worte hämmern in Baranskis Hirn, der Kopf droht zu platzen. Er greift zum Cognac, den er immer stehen hat. Nur den Boden der Flasche lässt er bedeckt, dann kann er endlich schlafen, wie ein Stein, tief und haltlos. Baranski schläft, ohne sich zu erholen. Er wacht auf, als die Kirchenglocken läuten. Es ist Sonntag früh. Die Sonne malt helle Kringel auf seinen Teppich, auf dem er liegengeblieben ist. Baranski ist Weihnachtschrist, aber heute läuten sie für ihn, für ihn und seine Tochter. Er putzt die Zähne, schnappt ein trockenes Brötchen und macht sich auf den Weg....
Ein Handvoll Leute sitzen verstreut in den Bänken. Der Pastor liest Lukas. Er kennt Lukas nur aus der Weihnachtsgeschichte, doch hier liest der Pastor von Zeichen an Sonne und Mond, das sie Völker bange werden, alles ins Wanken kommt... Daran bleibt Baranski hängen, kommt nicht darüber hinaus. Bei mir ist alles ins Wanken geraten, mein Kind, meine Arbeit, mein Leben, alles. Er sitzt da und weint, ganz verschämt blickt er sich um, keiner hat´s gesehen und hier ist sowieso schon bald Schluß. Er drückt sich an der Tür am Pastor vorbei. Die Last ist nicht leichter, nur dass er weinen konnte, wundert ihn selbst. Wie viele Jahre ist das schon her? Jetzt nimmt er die Straßenbahn und fährt zum Krankenhaus. Eine ganz eigene Welt empfängt ihn. Am Sonntag ist viel los im Foyer. Familien mit Papiertüten und Blumen besuchen die Oma. Ein junger Mann trinkt mit seiner hochschwangeren Freundin einen Cappucino. Baranski irrt durch die Stationen bis er vorm OP landet. Die Schwester vorne wusste zum Glück bescheid. „Sie musste noch einmal operiert werden hat viel Blut verloren, sie sind noch dabei, sie können nur warten.“ -sagt sie mit einem mitfühlenden Blick auf Baranski´s grau zerfurchtes Gesicht. Da vorne ist ein Kaffeeautomat.“
Langer neonerleuchteter Flur, graue Stahltüren, grellweiße Wände, zwei,drei Bänke, auf der hintersten ist ein Schwarzer eingenickt. Baranski zieht einen wässrigen Kaffee, verbrüht sich fast die Finger am heißen Plastikbecher trinkt und folgt haltlos dem Sekundenzeiger der großen Uhr, der jedes Mal ein leises tack, tack hören lässt, wenn er weiterrückt. Nichts hab´ ich in der Hand, nichts, denkt er verzweifelt und muss wieder weinen. Minute um Minute verrinnt. Zwischendurch ist er eingenickt, der Becher mit dem letzten Rest ausgekippt. Inzwischen ist es 17.00 Uhr. Der Schwarze holt sich auch einen Kaffee und setzt sich ausgerechnet neben Baranski. Der stöhnt, ist aber zu kraftlos, ein Gespräch abzublocken.
„Dir geht’s schlecht?“ fragt der Schwarze ziemlich akzentfrei. „Meine Tochter“, sagt Baranski, sie liegt dort, wird operiert, schwerer Unfall...“ „Oh, sagt der Schwarze, mein Freund ist auch drin. Gestern Nacht, 22.30 Uhr, Glatteis, mit seiner Freundin. Sie lieben sich sehr....“Meinst du meine Tochter und dein Freund?“ fragt Baranski atemlos. „Kann schon sein, wenn deine Tochter Maria heißt.“ sagt der Schwarze. „Heißt sie, heißt sie, mein Mariechen und wieder denkt er an die blonden Zöpfe am Flughafen und

weint... „Abraham," sagt der Schwarze und reicht ihm die Hand. „Ja," sagt Baranski erstaunt, „so heiß ich." „Ich auch", sagt der Schwarze und seine weißen Zähne blitzen. „Komm mit Abraham", sagt er dann zu Baranski, zieht ihn zum Fahrstuhl, drückt eine hohe Nummer, fährt, fährt immer höher. Sie steigen aus, halbe Treppe hoch, eine Tür stößt er auf und schon sind sie auf dem Dach des Krankenhauses. Da, wo der Hubschrauber sonst landet. Es ist windig, kalt und über ihnen ein wunderbarer Sternenhimmel. „Hast du keinen Glauben, Abraham?" fragt der Schwarze. Baranski sagt nichts, zuckt nur müde mit den Schultern. „Sieh diesen wunderbaren Himmel, den Gott gemacht hat. Und dich Abraham hat er auch gemacht. Keiner ist wie du, einzigartig und du kannst diesen Himmel sehen. Ich kenne ihn auch diesen Himmel. Er hat mir den Weg gezeigt, auf dem Boot und die vielen tausend Kilometer an Land, die ich nachts gegangen bin. Abraham, hab ich mir gesagt. Gott hat dir nicht die Kraft gegeben bis hierher zu kommen, um dann aufzugeben. Gott ist in meinem Herzen, mein Heiland und Erlöser ist in meinem Herzen, denn ich bin getauft. Ja, ich bin getauft und auch für mich leuchten die Sterne, genau wie für den alten Abraham in der Bibel, du weißt doch, oder?" sagt der schwarze Abraham zum weißen. Und dann sagt er: „Gib mir deine Hand. Wir werden ein Vater unser sprechen, hier bei den Sternen und bitten, dass Gott die beiden da unten behütet, sie und ihre Liebe." Das taten sie. Ja, das Leben schreibt Geschichten, dass einem Hören und Sehen vergeht. Aber er schreibt auch Geschichten, dass einem die Augen übergehen vor Staunen. Als der schwarze und der weiße Abraham wieder hinunter kamen von ihrem Ausflug auf´s Dach, kam ihnen eilend die Schwester entgegen. Sie strahlte: „Es ist geschafft. Sie dürfen zu den Dreien. Die Kleine ist auch wohlauf." Welche Kleine, denkt Baranski ganz verwirrt und hat wieder das blonde Mädchen vor Augen. Dann betreten sie das Zimmer. Seine Kleine liegt matt, ganz blass in den Kissen. Neben ihr kniet ein Schwarzer, lädiert, aber überglücklich schauen sie vor sich auf`s Bett.` Abraham Baranski traut seine müden Augen kaum. Da liegt ein kleines braunes Baby, schwarze Löckchen, kräftige Stimme, winzig, aber perfekt. Er kriegt den Mund nicht mehr zu vor Staunen und Freude. Er ist..., ich bin...."
Glückwunsch Abraham, flüstert der schwarze zum weißen....

Familie Wichtig postet

Da ist doch irgendwas nicht richtig, sagt der Bundesdurchschnittsbürger gehobener Mitteklasse Mister Wichtig in einem Land, das reich und arm zugleich ist.
Deutschland im Winter 2013, reich an Bürokratie, Steuerzahlern, Hochglanzwerbeblättern in den Briefkästen, polierten Geländefahrzeugen im Stadtverkehr , reich an Sehnsüchtigen und süchtigen Menschen auf der Suche nach Erfüllung. Doch arm an Kindern, arm an Zufriedenheit, arm an

guten Nachrichten in der Zeitung , obwohl – eines der reichsten Länder der Erde. Alles schön und gut, sagt der Bundesbürger Mister Wichtig, da ist doch irgendwas nicht richtig. Da ist die Welt nicht mehr rund, da wird´s selbst mir zu bunt, doch ich halt lieber meinen Mund, meinen Kragen halt ich nicht hin, der ist mir zu schade, keine Frage, denn wenn ich´s doch wage, bin ich´s nachher, der das Nachsehen hat, auf der Straße steht, am Stocke geht, die Zeche zahlt, nein, nicht´s was mir schadet.
Sprach´s und dreht sich um, geht eigene Wege, sammelt weiter Steuerbelege, damit sich´s noch ein bisschen lohnt auf dieser Erde, auf der´s ja doch kein Friede werde.
Das haben doch die Engel versprochen in jener Nacht, als sie die Hirten auf dem Felde mitten im Leben überraschten. Frieden? daran glaubt Mister Wichtig schon lange nicht mehr.
Die arabische Welt kommt nicht zur Ruhe, in Israel sieht´s nicht besser aus. Na gut, das ist alles weit weg. Auch das Dach der Welt Tibet und Afrika lassen sich gerade noch verdrängen, aber Newtown nimmt einen dann doch mit. Da ist doch irgendwas nicht richtig, sagt Mister Wichtig, der Homeworker und Softwareentwickler, wenn Kinder so ungehindert an Waffen kommen. Gerade hat er´s dem Netz entnommen. Da kommt sein kleiner Sohn in´s Zimmer, will spielen, nervt und quengelt mit dem Papa. Und da rutscht Papa Wichtig doch ganz unvermittelt die Hand aus, denn klein Wichtig zieht den Stecker raus und nun ist das Netz aus. Die Verbindung zur Welt gekappt, der ist doch viel zu blöd, der Spross, der viel zu viel Aufmerksamkeit genoss und niemals Langeweile hatte mit einem Zimmer, das mit Fernsehgeflimmer und allem was man so braucht als Kindes des 21. Jahrhunderts in die Abgründe der übersatten Gesellschaft taucht.
Mister Wichtig jedenfalls ist genervt und lässt die Weltlage so sein, wie sie ist und haut sich, weil Madame Wichtig noch auf Geschäftsreise ist erstmal ´ne Pizza in den Ofen.
Klein Wichtig ist sie auch so gern, obwohl Papa Wichtig kürzlich gelesen hat, dass der Käse da drauf nicht echt ist. Was soll´s, wo Bio drauf steht ist´s auch nicht immer drin, Hauptsache ist, es bringt Gewinn.
So ist die Devise, dass weiß Mister Wichtig schon lange und reiht sich dann doch ein in die Schlange am nächsten Tag bei der Eröffnung des großen Einkaufstempels, denn Weihnachtsgeschenke müssen sein. Außerdem verspricht der Centermanager entspannte Stunden bei Weihnachtsmusik. Klein Wichtig amüsiert sich prächtig beim Fotoshooting:
„Das süßeste Engelchen“. Da hat er gute Chancen mit seinen Locken, dem Lausbubenlächeln,
Grübchen und den teuren Klamotten, die beeindrucken die beiden flotten, jungen Fotografinnen. Die Mama Madame Wichtig, inzwischen eingetrudelt, ist ganz stolz. Dann ist der Kofferraum voll und auf geht´s nach Hause. Heute ist Heilig Abend, da muss der Baum noch perfekt geschmückt werden, das Menü steht, ringsum kann meinetwegen die Welt untergehn. Familie Wichtig sitzt eben in der stolzen schwarzen Edelkarosse, will starten, als

draußen jemand an die Scheibe klopft. „Das auch noch“, stöhnt Papa Wichtig, die Scheibe surrt, ein Spielzeughändler, der Kofferraum ist doch voll. So´n aufdringlicher Kerl mit roter Zipfelmütze, leichter Fahne, aber wunderbare Spielsachen, handgemacht, Unikate, wie aus einer anderen Welt: Esel mit kleinen Wagen, ein wunderhübsches Puppenhaus, ein Stall mit Tieren aller Art und tatsächlich eine Krippe. Da war doch noch was mit dem Kind, ach ja in Bethlehem und dann dieser Kerl dazu. Aber was soll´s, die Spielsachen sind goldig. Madame Wichtig gehen die Augen über. „Wir nehmen´s, alles“ sagt sie dann und klein Wichtig, inzwischen ausgestiegen, spielt sofort los mit dem Eselchen und dem Wagen und legt das schmal bekleidete Christkind in den Karren. „Alles?“, der Kerl mit der roten Mütze kann´s kaum fassen. Dann verstauen sie alles auf dem Rücksitz, Großraumlimousine, denn der Kofferraum ist ja schon voll. Der rotnasige Kerl bekommt einen Hunderter und will schon abziehen, da fällt ihm noch was ein. „Ja?“ sagt Papa Wichtig gnädig gestimmt vom Hochgefühl des günstigen Kauf´s. „Ob sie mich wohl ein Stück mitnehmen können, nur bis zum Stadtrand, Industrieviertel, da können sie mich dann absetzen.“ „Gut, gut, das schaffen wir dann auch noch, ist ja Weihnachten.“ Und los geht´s mit dem voll bepackten Auto. Das rollt mühelos durch die reich geschmückten Straßen zum immer düster werdenden Industrieviertel hinaus. Schließlich stehen da nur noch verlassene Bürogebäude und alte Pappbaracken. Langsam wird´s dem Ehepaar Wichtig komisch, aber der kleine Wichtig spielt hinten eifrig mit den Sachen. Gerade hat er die Hirten zum Engel gefahren, der rotgesichtige Kerl spielt doch tatsächlich mit und sagt: „Euch ist heute der Heiland geboren.“ „Der Heiland,
wer ist das?“ sagt klein Wichtig. „Na, der Retter, der alle glücklich macht.“ ist die Antwort. Plötzlich ruft der Kerl: „Anhalten!“ und sie stehen vor einer zugigen, alten Pappbaracke. Kein Licht geht an. „Strom ist abgeklemmt.“, brummt der Kerl. An den Scheiben sieht man im Scheinwerferlicht Eisblumen. „Hier wohnst du?“, fragt klein Wichtig. „Ja“, sagt der Kerl etwas beschämt, “wohnen kann man das nicht nennen.“. „Bist du arm?“, wieder klein Wichtig und starrt ihn mit großen Augen an. So was kennt klein Wichtig nur aus dem Film: „Charly und die Schokoladenfabrik.“ „Komm doch mit zu uns“, sagt der Kleine dann. „Wir haben Licht und warm ist es bei uns auch. Kann der „Ma-ann“ zu uns kommen, Papa?“ ruft er dann.
Mama und Papa Wichtig, Mister und Madame sitzen ganz schön beklemmt da. Was nun?
Da hat sie klein Wichtig ganz schön reingeritten. Was soll´n sie nun machen? Den Kerl in der Kälte sitzen lassen, heute am Heiligen Abend, ihn im Hotel absetzen oder eine Pension bezahlen? Klein Wichtig bettelt, er will all die Tiere und den Stall und das Puppenhaus aufbauen, da braucht er doch den armen „Ma-ann“…“Wir können ihn doch hinten im Gästehaus schlafen lassen“, flüstert Papa Wichtig. Mama ist noch unsicher; „Na gut, weil heute Weihnachten ist.“ Der arme „Ma-ann“ ist einverstanden. Eine Nacht im Warmen klingt verlockend. Dann landen sie in der gediegenen Vorstadt. Der

„Ma-ann“ darf alles aufbauen. Er ist ganz vorsichtig in die schöne Wohnung gekommen, hat die alten Schuhe vor der Tür stehen lassen. Mama hat, weil es schon so spät ist, Nudeln gekocht. Die mag kein Wichtig sowieso am Liebsten. Papa hat den Baum aufgestellt und klein Wichtig stellt mit dem „Ma-ann“ alle Tiere unter den Baum auch das Puppenhaus und für Mama die Krippe. Das Christkind liegt im Eselskarren und der Esel wird von einem Hirten geführt, der sieht aus...
„Ja, guck doch mal, sagt klein Wichtig zu dem „Ma-ann“, „der sieht aus wie du.“ „Wie heißt du eigentlich?“, fragt der Kleine dann. Er hieße Rudi und habe früher auch einen kleinen Jungen gehabt, aber der sei jetzt schon groß und ist mit der Mutter fort, als er arbeitslos wurde. Er weiß nicht, wo er jetzt sei. „Und hast du für den auch Tiere geschnitzt?“. „Ja, hab ich“, sagt Rudi und muss sich schnäuzen, „aber das ist lange her.“ „Vielleicht denkt er ja heute an dich.“, sagt klein Wichtig. „Ja, vielleicht,“ sagt Rudi. „Dann woll´n wir mal essen, Herr Rudi“, sagt die Mama und sie setzen sich an den Tisch. Klein Wichtig macht Quatsch mit den Nudeln, zieht sie ganz schnall in den Mund. Rudi muss lachen. „Ich kann´s noch schneller“, sagt er. Schließlich packt auch Papa Wichtig der Ehrgeiz und sie zieh´n die Nudeln um die Wette in den Mund, bis die ganze Schüssel leer ist. Sie müssen lachen und schauen einander in´s Gesicht und plötzlich ist da Frieden. Einer sieht in dem anderen den Mensch - Gottes Ebenbild. „Die Klarheit des Herrn leuchtet um sie.“ Das ist der Moment, der kleine, große Weihnachtsmoment der Familie Wichtig mit dem Spielzeugmacher Rudi. Heute war nicht nur das Bett warm und frei, auch das Herz. Familie Wichtig postet - Weihnachten 2013 - irres Fest erlebt.

Friedhofsgärtner Marten

Glaube beginnt, wo ich alltägliches tiefer als sonst wahrnehme und das kann beim gemeinsamen Essen sein. So wie die Geschichte vom alten Marten auf dem Friedhof.
Über Jahrzehnte schon hat er sein Brot auf dem Friedhof verdient. Früher hat er die Gruften noch mit der Hand gegraben, das war harte Arbeit. Heute gibt´s einen kleinen Bagger, das spart Zeit. Aber so oft ist das gar nicht mehr mit den großen Löchern. Die meisten lassen sich heutzutage verbrennen oder anonym bestatten. Jedenfalls ist Marten dort auf dem Friedhof mitten in Berlin bei Wind und Wetter anzutreffen. Mit seinen großen Händen hebt er die vom Sturm heruntergeschlagenen Äste auf, harkt Laub zusammen, schiebt im Winter die Wege frei. Sein Mittagsbrot isst er immer an der Mauerecke nahe der östlichen Eingangspforte. Zwei dicke Brote, eins mit Schinken, eins mit Käse packt ihm seine Elsa jeden Morgen ein. Seit Tagen schon streicht da ein Junge herum. Die Schultasche baumelt am Fahrradlenker. Immer um die Mittagszeit sieht Marten ihn, ausgerechnet hier auf dem Friedhof. Eines Mittags spricht er ihn an. „Magst du ein Stück?“, fragt

Marten und winkt mit der Käsestulle. Der Junge ist vorsichtig, blass, halb schüchtern, halb dreist blickt er. Dann kommt er näher, beißt hungrig wie ein kleines Tier in die dargebotene Stulle. „Kriegst du kein Mittag zu Hause?“„Nein“, sagt der Junge. „Mama vergisst das immer. Meistens muss ich ihr Bier holen“„Ach,“ sagt Marten, „und Papa?“ „Auf Montage, kommt alle drei Wochen“, mehr ist nicht aus ihm rauszukriegen. „Machst du Löcher für die Toten?“, fragt er dann. „Ja,“ sagt Marten, „einer muss es ja machen.“ „Mm“ sagt der Junge. “Glaubst du, die kommen in` Himmel?“ fragt er dann schon wieder. „Erst mal in die Erde und dann, ja dann kann nur noch Gott helfen.“ Hilft der denn?“ fragt der Junge. “Mir hat er geholfen“, sagt Marten, “ich hab´ immer mein Auskommen gehabt, genug zu Essen und so und Arbeit und meine Elsa, die mir immer mein Brot mitgibt und auf mich wartet.“ „Ob er mir auch hilft?“ fragt der Junge.
“Weiß nich“, sagt Marten, “sieht nich so gut aus für dich. Aber weißt du was? Ich frag Elsa, ob sie für dich ein Brot mitschmiert. Dann kommst du mittags immer her und wir essen zusammen, bin ich nich so allein hier auf´m Friedhof.“
Alltagsepisode, Berliner Friedhofsgeschichte, Alltäglichkeit...Natürlich hat Elsa ein Brot mehr geschmiert und wir sind versucht die Geschichte für den Jungen gut werden zu lassen.
Mit der Stulle bekam der Junge durch Martens ruhiges, gelassenes Gottvertrauen täglich ein Stück Liebe geschenkt. Der Friedhof, ein Ort der Lebenden und der Toten, der in Liebe verbindet, dafür sorgen solche Menschen wie Marten mit großen Händen und einem guten Herz.

Gott tröstet nicht im Vorübergehen

Die Adventszeit ist ein Weg, gesäumt von kleinen Begebenheiten, die einen Vorgeschmack bieten von der wahren Weihnacht.
Begebenheiten, erfahren mitten im Alltag: Am U-Bahnschacht stand er, auf halbem Wege zur Arbeit begegnete sie ihm oft.
Ein alter Mann, faltig, etwas vernachlässigt gekleidet, mit Fingerhandschuhen, deren Spitzen abgeschnitten waren. Er stand da, tagaus, tagein, sein zerbeulter Hut auf der Erde. Er spielte Saxophon auf einem Instrument mindestens so alt wie er.
Die Tasten klapperten, ein paar Beulen, aber es war immer geputzt. Er wischte es mit einem alten Samtlappen, der auch mal bessere Zeiten gesehen hatte und zuweilen entlockte er dem klapprigen Instrument ganz passable Töne. Wenn er gute Laune hatte und die Sonne schien, dann gaben die Leute auch mehr, so dass er um die Ecke zum Stand gehen konnte, wenn er Hunger hatte. Wie gesagt, sie hatte ihn schon oft gesehen auf dem Weg zur Arbeit zur Bank, drei Stationen weiter. Mal hatte sie sich geärgert, mal tat er ihr leid. Jetzt um die Adventszeit war er der einzig ruhende Punkt in der

sich schiebenden und dahineilenden Menschenmenge. Er spielte „Jingle bells“ und „O du fröhliche“, hängte unbekümmert „Stille Nacht“ an „Last chrismas“ und blies sich so sein eigenes Weihnachtspotpourri zurecht. Sie hatte es eilig nach der Arbeit, Geschenke kaufen, Kinder abholen, saubermachen, abends noch ein paar Abrechnungen, all das ging ihr durch den Kopf, als eine Melodie sich ihren Weg durchs Menschengetümmel bahnte. Eine Melodie zutiefst bekannt, Urklänge aus der Kindheit, sehnsuchtsvoll, geheimnisvoll, ihr tief bedeutsam, der Menschenmenge nicht. Sie blieb stehen, wie gebannt, zwei Stufen unter ihm: „O Heiland reiß die Himmel auf, herab, herab vom Himmel lauf, reiß ab vom Himmel Tor und Tür, reiß ab wo Schloss und Riegel für“- hatte der Großvater immer gesungen, mit tiefer Stimme, sie auf den Schoß genommen, damals, als sie noch ganz klein war und der Vater tödlich verunglückte. Weiter sang er dann: „Wo bleibst du Trost der ganzen Welt, darauf sie all ihr Hoffnung stellt. O komm, o komm vom höchsten Saal, komm tröst uns hier im Jammertal.“ Wie gebannt stand sie auf halber Treppe zum U-Bahnschacht, eine Träne lief und zog sich ihre Spur durch das gekonnte Make-up. Ja, dann hatte der Großvater die Kerzen angezündet und gesagt: „Alles wird gut, mien lütt Dirn, wir müssen Geduld haben, Gott tröstet nicht im Vorübergehen.“ Und jedes Mal tat ihr Herz weh vor Freude und Schmerz zugleich. Nein- nicht im Vorübergehen, dachte sie, aber im Stehenbleiben, im Aushalten, mit der Zeit und sie zog einen Schein aus der Tasche, viel zu groß höchstwahrscheinlich. Es war ihr egal, sie legte ihn in den Hut, ging mit einem Nicken unter den verwunderten Blicken des alten Saxophonspielers. „Gesegnete Adventszeit- alles wird gut“ sagte sie, merkte, wie sich ihr Herz anfühlte wie damals und war im Schacht verschwunden. Gott tröstet nicht im Vorübergehen, aber besonders im Advent liegen Schmerz und Freude nah beieinander.

Herrn Lipskis Geheimnis

Ich lade sie ein zu einem Kurzfilm: „Ein Tag im Leben des Herrn Lipski.“ Herr Lipski ist 56 Jahre, Büroangestellter, verwitwet, keine Schönheit. Sieht man ihn kurz, könnte man denken, er hat den zweifelhaften Charme eines Mannes, der sein Leben zwischen staubigen Akten und klappernden Kaffeetassen verbracht hat. Und doch hat er etwas Anziehendes, was niemand genau beschreiben könnte. Wer Ärger mit dem Chef hatte oder auch Stress und Sorgen zu Hause, den trifft man am gleichen Tag noch in Lipskis Büro, oder in der Kantine an seinem Tisch. Man hört Tütengeknister. Lipski isst so gerne saure Apfelringe, die bietet er jedem an. Seine Besucher essen sie und schauen in lustige, graue Augen, die eine geheimnisvolle Güte ausstrahlen. Jetzt ist es früh am Morgen, der Wecker klingelt. Herr Lipski räkelt sich, blinzelt, steht auf im Adamskostüm. Sind wir Lipskis Geheimnis auf der Spur? Während er sich wäscht, haben wir Zeit. Da liegen seine

Sachen auf dem Stuhl vorm Bett. Es sind keine gewöhnlichen Sachen, zumindest nicht solche, die man bei einem Büroangestellten, 56 Jahre, verwitwet erwarten würde. Woher hat er diese Sachen? Wer hat sie ihm geschenkt? Wer ermuntert ihn, sie anzuziehen? Woher nimmt er den Mut? Herr Lipski liest die Bibel, ein Wort ist sein Lieblingswort , sozusagen sein Lebensmotto geworden:„So zieht nun an als die Auserwählten Gottes, als die Heiligen und Geliebten, herzliches Erbarmen, Freundlichkeit, Demut, Sanftmut und Geduld; „heißt es im Kolosserbrief 3,12. Der Phantasie sind keine Grenzen gesetzt. Herr Lipski zieht an die weinrote Unterhose des herzlichen Erbarmens, ein weißes Bauernhemd der Freundlichkeit, braune, demütige Cordhosen, ein sanftmütiges, samtbraunes Jackett, geduldige weinrot-braungestreifte Socken und über alles den Mantel der Liebe. Dann isst er einen Happen, steckt eine neue Tüte saure Apfelringe in die speckige Aktentasche und geht fröhlich pfeifend ins Büro. Wenn das alles so leicht wäre, denken sie vielleicht und man sollte sich nicht über schwer-christliche Mahnungen lustig machen. Aber Herr Lipski macht sich nicht lustig, er ist es einfach. Er freut sich auf das Gesicht des Pförtners, pflückt im Vorübergehen einen Fliederzweig für die dicke Köchin, die dem mageren Lipski immer eine Extrakelle auftut, knallt seine Aktentasche auf den Bürotisch und der Tag kann beginnen. Ja, wenn das so einfach wäre. Was ist der Lipski bloß für ein Glückspilz. Wer hat ihm bloß die Sachen hingelegt? Es wäre zu billig, zu behaupten, das läge alles auch auf unserem Stuhl, wenn wir unter der Woche in den Tag stolpern. Da liegt doch eher die graue Alltagsjacke neben dem blassgrünen sorgenvollen Pullover, grimmige schwarze Socken mit Loch, weil man sich ja kaum noch was leisten kann. Und die ausgelatschten Schuhe eines unzufriedenen Menschen harren wieder vergeblich auf ein bisschen Alltagsglanz. Doch kurz bevor in unserem Bibelwort die Rede ist von dem, was wir als Christen anziehen sollen, steht auch, was wir vorher ablegen sollen, vielleicht jeden Abend, vielleicht ab und zu, wenn wir merken, es ist soweit. Es steht da, was wir vor Gott ablegen sollen und vor allem auch können. Kolosser 3, Vers 8: „Nun aber legt alles ab von euch: Zorn, Grimm, Bosheit, Lästerung, schandbare Worte aus eurem Munde; belügt einander nicht; denn ihr habt den alten Menschen mit seinen Werken ausgezogen und den neuen angezogen, der erneuert wird zur Erkenntnis nach dem Ebenbild dessen, der ihn geschaffen hat.“ Ist das vielleicht Lipskis Geheimnis, dass er so schläft, wie Gott ihn geschaffen hat, in der Lage ist, alles abzulegen? Nein, nein, es gibt kein spezielles Geheimnis. Lipski ist nur dem Ruf der Freiheit, der Freiheit zu lieben gefolgt und hat sich selbst dabei ein Stück losgelassen. Und er hat sich auf Gottes Zusage verlassen, neu zu werden, jeden Morgen neu Gottes Gnade zu empfangen in Dankbarkeit. Doch was tut er am Abend, dieser Herr Lipski? Ist er nicht einsam? Hat er keine Erinnerungen, die ihn plagen oder traurig werden lassen? Hat er keine Angst vor dem, was am nächsten Morgen auf ihn zukommt? Lauscht er nicht manchmal etwas besorgt auf das Schlagen seines nicht mehr ganz jungen Herzen, wenn er im Bett liegt? Oh doch, all das ist ihm nicht fremd. Er kennt das Gefühl, wenn die

Nacht durch´s Fenster tropft und er sich sagen muss: „Das war ein Tag deines Lebens. Und was hast du heute getan, dass es ein besonderer wäre? Wem konntest du ein Lächeln schenken, wer denkt an dich, trauriger, alter Mann?“ Aber dabei bleibt es nicht, Lipski tut mehr und das hält das Blitzen in seinen grauen Augen aufrecht. Mal hütet er die Kinder der jungen Nachbarin, freut sich, wenn sie sich schön macht. Und kürzlich hatte er sogar den Mut, die dicke Köchin aus der Kantine anzurufen und sie zu bitten, mit ihm ins Konzert zu gehen. Er hat seinen weiten Mantel übergeworfen, auf dem Heimweg über sie beide. Seit langem fand sie sich mal wieder schön und sie sind zusammen durch den Regen gelaufen wie junge Hunde, plitschnass und fröhlich. „Lipski, sagte sie vor ihrer Haustür, das war ein wunderbarer Abend. Wie kannst du nur so fröhlich sein, nach allem, was du hinter dir hast?“
Er zuckt mit den Schultern, lächelt etwas verlegen und sagt: „Ich bin ein geliebtes Kind, ein von Gott geliebtes Kind, trotz allem.“ „Ja das wird´s wohl sein.“ sagt die dicke Köchin und geht pfeifend nach Hause. „Liebe geht durch den Magen.“ fällt ihr dann ein und sie beschließt, ihn in der nächsten Woche zum Essen einzuladen. Wir verlassen die beiden und kommen zu uns. Vielleicht konnten wir die beiden vor uns sehen. Keine außergewöhnlichen, keine besonderen Menschen und doch einzigartig, wie ein jeder von uns.

Hast du schon gehört vom Himmelsbaum?

Manche Menschen sind vom Leben nicht unbedingt verwöhnt worden. Wir begegnen ihnen oft mit gewisser Scheu, denn Unglück macht manchmal unberechenbar. Einer von diesen nicht gerade Verwöhnten ist Herr Schulzki. Der dicke Herr Schulzki wohnt im Hinterhaus, halbe Treppe, ist 53 Jahre alt, seit zehn Jahren arbeitslos, Hartz 4-empfänger. Er hat noch Ofenheizung, zwei Zimmer, kleines Bad, den Kühlschrank immer voll Bier, traurige Augenringe und eine Handvoll Kumpel. Die kennt er aus alten Zeiten in der Werft. Die Frau ist schon lange weg, mit dem Kind, lebt irgendwo. Schulzki weiß es nicht. Jeden Nachmittag steht Schulzki an der Kaufhalle mit seinem Bier. Dort trifft er wenigstens jemanden. Heute steht da so ein komischer Typ, Jesusverschnitt, lange Haare, Sandalen trotz der Kälte. Den hat Schulzki noch nie hier gesehen. Jetzt verteilt der auch noch kleine Tüten und da steht drauf: „Pflanz dir deinen Himmelsbaum- Glaube kann klein beginnen und schräg gedruckt, ganz klein, Schulzki kann´s kaum entziffern: *Liebe deinen Nächsten wie sich selbst.* `Wieder so eine blöde Werbung`, denkt Schulzki, steckt die Tüte trotzdem ein, vergisst sie schon bald. Dann geht er nach Hause, wie immer so gegen halb sieben. An der Ecke trifft er Emma, das Studentenkind. Sie spielt auf Schulzkis Hinterhof, daher kennen sie sich. Manchmal schmeißt er ihr Bonbons runter. Wenn er doll betrunken ist, hat Emma Angst. Aber heute ist Schulzki ganz fröhlich, gar nicht betrunken, erinnert sich an die Tüte in der Tasche. Er zieht sie hervor; „Himmelsbaum,

murmelt er, „Glaube kann klein beginnen, liebe deinen Nächsten wie dich selbst. Ich kann mich ja selbst kaum im Spiegel sehn, alt und fett und zu nichts mehr nütze."
„Hier Emma", sagt Schulzki dann...."pflanz das mal ein, hat mir so´n Jesustyp gegeben."
Rund und fest ist das Samenkorn, sonderbar fremd riecht es und glänzt ein wenig. Emma hat´s in der Hosentasche, nimmt´s ab und zu in die Hand, riecht daran, legt´s abends unters Kopfkissen und träumt von Herrn Schulzki, der lacht und Samenkörner aus dem Fenster wirft.
Am nächsten Tag pflanzt Emma es ein, mitten in den Hinterhof, drei Steine ringsherum. Herr Schulzki schaut von oben zu. Wenn sie mittags aus der Schule kommt, ist immer schon gegossen und nach sieben Wochen kommt eine kleine Pflanze. Emma und Schulzki sind begeistert. Schulzki besorgt Pferdemist, gräbt ihn vorsichtig ein, wartet auf Emma, um sich mit ihr zu besprechen. Jeden Tag wächst die Pflanze, hat schon bald Blüten, die duften über den ganzen Hof. Die Studenten kommen abends runter, auf ein Bier mit Herrn Schulzki, der Pflanzenwächter geworden ist. „Himmelsbaum", sagt der, „hab ich im Lexikon nachgelesen, kommt aus Palästina, bekannt für schnelles Wachstum, trägt sonderbare, braune Früchte, rote Blüten, stark duftend, macht fröhlich." Und das stimmt. Schon bald ist der Baum im Viertel Treffpunkt, wächst und wächst bis an Schulzkis Fenster. Emma klettert daran hoch, besucht Herrn Schulzki, der jetzt, wo der Baum da ist, nicht mehr so viel Bier braucht. Er muss ihn gießen, ringsum hacken und die Besucher aufklären. Er presst die abgefallen Blüten in seinem Lexikon und hat schon ernsthaft erwogen, aus den Früchten Marmelade zu machen.
Nächsten Sonntag ist Himmelsbaumfest im Stadtviertel. Emma hat Einladungen gemacht. Es gibt Gänsewein und Schmalzstullen. Eine Schaukel hängt jetzt am Himmelsbaum, da sitzt Emma drauf und fliegt und fliegt, weit in den Himmel...
Eine kleine erträumte Alltagsgeschichte, die uns sagt, wo Menschen sich einander zuwenden, ist Gott nicht weit. Wo Menschen Sinn erfahren im Leben, können sie auch glauben.
Herr Schulzki jedenfalls ist neugierig geworden durch dieses Samenkorn. Er hat Gemeinschaft erfahren und eine neue Aufgabe bekommen. Er ist wieder ein ganzer Mensch geworden, mag in den Spiegel schauen. Das hat der langhaarige Himmelsbote vor der Kaufhalle erreicht.

Inselweihnacht

Nicht für alle ist diese Zeit gemütlich und unbedingt zu Hause zu verbringen. Schon bald sammeln sie sich wieder an Flughäfen oder Schiffsanlegern, deutsche Weihnachtsflüchtlinge.
Sie fliehen aus den unterschiedlichsten Gründen vor dem Fest der Feste, um der Kälte oder Nässe, der Dunkelheit, der ungeliebten Schwiegermutter oder der ganzen Familie mit ihrem Besinnlichkeitswahn und ihrer Gemütlichkeitsbesessenheit zu entrinnen. Einer von diesen Weihnachtsflüchtlingen war auch Herr König, achtundvierzig Jahre, solargebräunt, Leiter einer Bankfiliale. Ein smarter Typ mit einem Lächeln, das man fast als charmant durchgehen lassen könnte, aber nur fast. Eine Nuance fehlte und nicht erst seit der Bankenkrise.
Eigentlich hatte er Weihnachten mit seiner jetzigen Geliebten, der zwanzig Jahre jüngeren Denise verbringen wollen. Aber sie wollte ja unbedingt, dass die zwei sich´s ganz gemütlich machen, zu Hause, mit Kirchgang und Gänsebraten, die XXL-Packung vom Fest. Darauf hatte Herr König keine Lust. Womöglich würde Denise noch sentimental und würde auf dumme Gedanken kommen, mit Heiraten und Kinder kriegen und so weiter. Mit mir nicht, hatte sich Herr König, mit ganzem Namen Karsten Emanuel König, gesagt und kurzerhand einen Flug gebucht. Einen Flug auf eine dieser Inseln, wo garantiert schönes Wetter ist und auch sonst alles stimmt, die Bedienung, das Essen über mehr reden wir nicht. Nun lag er da im heißen Sand. Blau, blau der Himmel, grün, grün die Palmen und fühlte sich allein innen drin, ganz, ganz allein. Weihnachten in sengender Hitze und Herr König begann tatsächlich etwas zu vermissen. Aber was nur? Es fiel ihm nicht ein.
Abends dann, am Heiligen Abend ging er in die Bar. Die war gerammelt voll. Liebespaare tanzten verträumt zu softigen Weihnachtsmelodien. Die Tische waren alle besetzt. Nur noch ein Platz ganz hinten am Fenster mit Blick auf die Bucht, wohlgemerkt ein Platz am Tisch war frei. Der andere war besetzt mit einer großen aufrechten Dame, weißes Haar, hoch aufgesteckt, Birkenstockschuhe, handgewebter, vielfarbiger Rock, nur Gemüse auf dem Teller. Nie im Leben hätte Karsten König in einer deutschen Gaststätte neben ihr Platz genommen. Aber was soll´s, hier kannte ihn keiner. Er fragt mit seinem nicht ganz vollendeten Lächeln ob er Platz nehmen dürfe und er schaut in traurige, hellblaue Augen.
Dieser Blick, Herr König weiß nicht warum, dieser Blick hat sein Herz berührt. Man sagt, es genügen fünfundzwanzig Sekunden beim Blickkontakt zwischen zwei Menschen um sich zu verlieben. Aber für einen Blick, der das Herz berührt, dafür reichen drei Sekunden; eins, zwei, drei und man merkt plötzlich, dass man noch eins im Leibe hat nach all´ den Jahren. Sie stellt sich vor, diese große ältere Dame: „Anna Maria Engel, 68 Jahre, verwitwet, kinderlos“ Alles sagt sie in einem kurzen Satz mit hastiger tonloser Stimme, als fasste sie das Wesentliche zusammen. „Sind sie auch so ein Weihnachtsflüchtling?“ fragt sie dann und erzählt, dass im vergangenen Jahr

ihr Mann gestorben sei. Dass sie sich immer Kinder gewünscht hätten, aber es hat nicht geklappt und dass sie es Weihnachten zu Hause nicht aushalte. „Das Leben ist nichts als eine Folge enttäuschter Hoffnungen.“, sagt sie. So hat sie ihren wunderhübschen kleinen Blumenladen einen Tag vor Weihnachten geschlossen und ist einfach losgeflogen, last minute und jetzt ist sie hier. Ja, jetzt ist sie hier mit Karsten König am Tisch. Der sitzt etwas hilflos auf seinem Stuhl und entdeckt ein Gefühl, dass er lange nicht mehr kannte, ein zärtliches Gefühl für Anna, die so viel älter ist und so viel trauriger und so viel enttäuschter vom Leben. Er bestellt eine Flasche dunklen trockenen Rotwein und sie schauen beide hinaus in den „Südsee-Heilig-Abend-Himmel“. Da haben wir doch schon zwei aus der Weihnachtsgeschichte, den König und die Engel. Den König, der gar nicht weiß, wonach er sucht und die Engel, die eine traurige Botschaft hat. Die beiden schauen hinaus in den Nachthimmel und entdecken ihn gleichzeitig. Da ist er, strahlend hell im Sternbild des Orion. Wer jemals den südlichen Sternenhimmel sah, vergisst ihn nie. Doch dieser Stern war unübertrefflich, verlockend und schön. Sie treten hinaus auf die Terrasse, dieses ungleiche Paar. Herr König legt den Arm um Frau Engel, einfach so und dann sagt sie: „So müssen ihn damals die Könige gesehen haben, ja und dann haben sie sich auf den Weg gemacht.“ Wo sie herkamen, da war es auch so heiß wie hier.“ Herr König erinnert sich dunkel an die Weihnachtsgeschichte. „Ja“ sagt er, es muss schön sein, wenn man ein Ziel hat und noch schöner, wenn einen so ein wunderbarer Stern begleitet..“ Verlassen wir die beiden, Karsten Emanuel König und Anna Maria Engel. Gönnen wir ihnen diesen Abend und den Augenblick, da sie den Stern sahen, der sie mit einer Hoffnung verband. Mit der Hoffnung, dass dieser Stern unter dem der Retter und Heiland der Welt geboren wurde, alle erreicht, auch die, die eigentlich fliehen wollten.

Mikelein

Einst waren ein Mann und eine Frau, die liebten einander sehr und wünschten sich ein Kind.

Lange mussten sie darauf warten, aber eines Tages war es soweit. Das Haus begann so richtig zu leben, denn endlich hatte die kleine Wiege einen Bewohner.

Ein winziges Kind war geboren, so klein zart und zerbrechlich, dass die Eltern überlegen mussten: „Wie soll es denn heißen?“ Und sie nannten es Mikelein, weil es so klein und zart war. „Wie sollen wir es beschützen?“, fragten sich die Eltern als nächstes und überlegten hin und her. „Drei Paten soll es haben“, sagte die Mutter. „Glück, Mut und Hoffnung soll es immer haben“, sagte der Vater. „Freude soll es haben und immer etwas zum Lachen,“ sagte die Mutter „und Freunde soll es haben und Gott im Himmel und auf Erden soll es beschützen.“ Und als sie so überlegten fing Mikelein an zu schreien und wollte gar nicht mehr aufhören. „Gott hat seinen Engeln befohlen, dass sie dich behüten“, sang die Mama und schaukelte Mikelein, winzigklein in den Schlaf. Dann überlegten sie weiter: „Drei Paten sagst du, Glück, Mut und Hoffnung.“ Wir fragen Frau Glück von Gegenüber, die mit den schlohweißen Ringellocken aus dem Tante Emmaladen, vielleicht wird sie Patentante, sie hat doch für alle Kinder etwas übrig, mal einen Bonbon, mal ein Brausepulver. Und Frau Glück sagte ja, strahlte über das ganze, runde Gesicht: „Natürlich will ich Mikeleins Patentante sein, Glück heiße ich und hoffe, Glück zu bringen, aber das hängt nicht allein von mir ab.“

„Wen fragen wir noch? Zwei Paten stehen noch aus, ach Mut sagst du? Wir fragen Herrn Mutig, den Bergsteiger, deinen Kollegen, den lieben die Kinder. Er war schon auf dem Mount Everest und auch sonst ist er nicht bange.“

„ Das ist eine gute Idee.“

„Natürlich werde ich Pate bei Mikelein. Mutig heiße ich und hoffe Mut zu bringen, aber das hängt nicht allein von mir ab.“

„Wen fragen wir noch? Ach, was hältst du von Frau Hoffmann. Sie steht ihren Mann, ist immer voller Hoffnung, fährt Straßenbahn, glaubt an Gott und kennt sich in der Welt aus.“

„Ja gut, dann kann Mikelein viel Straßenbahn fahren und auch sonst klingt es gut.“

„Ja“, sagte auch Frau Hoffmann. „Hoffmann heiße ich und Hoffnung will ich geben, aber das
hängt nicht allein von mir ab.

Dann kam die Taufe und die drei Paten verstanden sich prächtig. Vorher schon hatten sie sich getroffen und gemeinsam gedichtet:

„Mikelein, winzigklein, wir bringen dir unsere Gaben.
Glück soll es sein, nicht nur beim Bonbonessen,
auch das ist als Kind nicht zu vergessen,
auch beim Besteigen der Berge auf dieser wunderbaren Erde,
beim Straßenbahn fahren, Seilspringen und Lachen und allen Sachen,
die Kinder so gerne machen.
Mut soll es sein und Hoffnung und Segen, doch den kann dir nur einer
in die Wiege legen. Gesehen hat ihn noch keiner, gehört haben wir schon viel.
Er hat ein Auge auf Kinder auf Erwachsene nicht minder,
bringt Segen und schenkt Liebe, nicht vor allem Leiden kann er dich beschützen,
aber begleiten, in Sorgen und Lebensmüh`n steht er zur Seiten.
Das ist Gott, unser Herr, er bringt Freude und noch viel mehr;
Lebensmut, Phantasie, Spaß und Wonne, alles Liebe unter der Sonne.
Das wünschen dir deine drei Paten, wenn du am Glauben festhältst,
bist du gut beraten. Glück, Mut und Hoffnung wollen wir bringen,
doch das es möge gelingen, dein Leben, das kann dir nur der Herrgott geben.
So soll es sein Mikelein.

Mit diesen, ein wenig holprigen Reimen standen die drei freudestrahlend vor Mike und holten ihre Geschenke hervor. Das waren ein Kaufmannsladen von Frau Glück, kleine Wanderschuhe von Herrn Mutig und eine Straßenbahn von Frau Hoffmann. Glücklich waren die Eltern von Mikelein, denn sie hatten sich Paten gewünscht und bekommen, die ihr winziges Töchterlein begleiten würden und doch wussten, Gottes Segen und Begleitung können wir nur erbitten.

Mitten im Leben

Gefangengenommen vom Leben fühlt sich so manch einer. So auch Thomas, von seinen Freunden Tommes genannt, Mitte vierzig, erfolgreich mit dem Zimmereibetrieb, immer noch frisch, jugendlich, braungebrannt, volles Haar, blond, so dass man die ersten grauen Strähnen kaum sieht. Zwei Kinder hat er zu Hause im hübschen Eigenheim, neun und vierzehn Jahre, Sohn und große Tochter. Seine Frau Ann ist Kindergärtnerin. Alles gut –bis auf die lästigen Dauerbelastungen, die er bisher immer noch locker wegsteckte; keine geregelten Arbeitszeiten, als Chef hast du die schon lange nicht, seine Angestellten auch nicht. Bau ist Bau, da sind Überstunden die Norm. Und dann sind da noch die immer größeren Fahrtzeiten, die Jagd nach Aufträgen, all das kennt Tommes schon über Jahre. Aber seit ein paar Wochen kann er nicht mehr schlafen. Das kennt er nicht. Er wacht in der Nacht auf, hat Herzrasen, schwitzt, hat Angst, ja mehr noch, tiefe Furcht; dass alles den Bach runtergeht, die Aufträge schwinden, er seine Leute nicht mehr bezahlen kann, er den Kredit nicht abzahlen kann, Insolvenz droht und, und, und......... Dann fällt ihm ein, dass sein Sohn schon lange bettelt:
Papi, wann fahr´n wir mal wieder angeln“ und das sein Frau Ann auch schon ewig auf einen Abend zu zweit im Kerzenschein hofft. Tommes liegt wach, Stunde um Stunde, schläft irgendwann gegen vier völlig ermattet in Tiefschlaf bis halb sechs der digitale Wachruf die Stille zerreißt. Müde und blass beginnt er den Tag, gewinnt an Mut mit gelingendem Geschäft, um abends völlig fertig mit der Angst vor Angst wieder nicht einzuschlafen. Bald schmerzen Schultern und Arme, der Magen spielt verrückt. So kann´s nicht weitergehen.
Keiner traut sich zu fragen. Ann schaut ihn nur ängstlich an. Der alte Seegert endlich macht den Mund auf. Der alte Seegert hilft zuweilen beim Rasenmähen auf dem Firmengelände und auf dem Hof. Thomas kennt er schon von klein auf. Sie waren Nachbarn und so was wie Großeltern. „Tommes, was ist los? Bist du krank, du furchtloser Ritter? Wo ist dein Schwert geblieben?“ Das ist das Stichwort: Ritter, Schwert. Da muss Tommes lachen und denkt sofort an die Geschichte mit dem Schwert, als die Eltern damals ins Theater fuhren und Thomas mit seiner kleinen Schwester allein blieb. Opa Seegert sollte mal rüberschauen, aber das hatten die Eltern

vergessen zu sagen. Der Tommes war mit dem Holzschwert zu Bett gegangen und Bella, die kleine Isabell war schon längst beruhigt eingeschlafen. Da machte der „große Tommes“ noch eine Kontrollrunde mit dem Holzschwert, vorbei an Papa´s Amtszimmer, da das große Bild mit dem Goldrahmen und dem Spruch über der Tür: „Gott hat uns nicht gegeben den Geist der Furcht, sondern der Kraft und der Liebe und der Besonnenheit.“
2. Tim. 1,7 Ja , dachte Tommes, weg mit der Furcht und er schwang sein Holzschwert, dass die Luft surrte. Da knackt die Tür und auf einmal waren Schritte zu hören in der dunklen Diele. Wir wissen, es war Seegert, der gute alte Seegert, der nach den Kindern schauen wollte.
Aber Thomas wusste es nicht. Jetzt war´s echt mit dem Geist der Furcht. Für einen Moment hatte ihn dieser voll im Griff. Doch dann besann sich der kleine Kerl, sprach im Kopf ein Stoßgebet: `“Lieber Gott hilf, gib mir Mut“. Dann stürzte er mit großem Geheul auf die Diele und zog dem Kerl dort eins über. Das saß. Ein schrei, die Vase fiel um, Bella kam herausgestürzt und machte Licht. Da lag der Opa Seegert und hielt sich den Schädel. Eine dicke Beule wuchs, aber lachen musste er doch. Die kleine Bella in ihrem langen Nachthemd mit roten Schlafbacken, Tommes mit Holzschwert im gestreiften Schlafanzug und er am Boden, die Vase zerschmettert. Alle waren erschrocken, aber auch erleichtert. Es gab einen warmen Kakao, eine von Seegerts Gutenachtgeschichten und dann faltete er die Hände und betete mit den Kindern ein Vater unser. „Schlaft gut“, sagte er und strich ihnen mit seinen rauen Händen über den Kopf. Und zu Tommes sagte er noch: „Da hat dir der liebe Gott aber ne` große Portion Mut vom Himmel geschmissen, furchtloser Ritter.“
An diesen Abend muss Tommes denken als der alte Seegert ihn anspricht: „Wie geht´s, furchtloser Ritter.“ Und er denkt daran, wie gut er eingeschlafen ist damals, voll Kraft, voller Liebe und an Besonnenheit, na ja, da hat´s noch ein bisschen gefehlt. Wo ist nur das Bild geblieben mit dem Spruch, das aus dem Amtszimmer denkt, Tommes und er nimmt sich vor auf dem Boden zu suchen. Da haben sie all die alten Dinge untergestellt, er und Ann, als sie vor ein paar Jahren Vaters letzte Wohnung ausräumten. Mutter war noch früher gestorben, das Pfarrhaus stand schon ewig leer. Nur der alte Seegert, der war der Gleiche geblieben und der hatte etwas berührt in Thomas, womit er schon lange nicht mehr in Berührung gekommen war; die Seele. „Die Seele ist zart. Die Seele ist eine Freude. Die Seele ist von Gott, weil wir auch von Gott sind.“, so sagt es ein Kindermund. Der alte Seegert hatte die unterbrochene Verbindung zwischen Gott und der Seele wieder hergestellt und wir ahnen, wer das bewirkt hat: Der Geist der Kraft, der Liebe und der Besonnenheit, der heilige Geist, Gottes gute Kraft in unserem Leben. Tommes war klar, dass er was tun musste und er wusste nur noch nicht was. Erst einmal wollte er das Bild suchen mit dem Vers darauf.

Niemand hat Gott jemals gesehen

In einer netten süddeutschen Stadt passierte Folgendes. Jeden Mittag nach der Schule musste der kleine Joseph auf seinem Heimweg am Laden des alten Brandauer vorbei. „Uhren und Schmuck, Geschmeide aller Art“ stand über der Tür und jedes Mal, wenn Joseph vorüberging, spähte der Alte aus dem Laden, als hätte er gewartet. „Grüß Gott“, sagte der Joseph und bekam den Gruß zurück. So ging es ein halbes Jahr, bis der Joseph eines Tages auf sein „Grüß Gott“ die Antwort erhielt: „Mach ich, wenn ich ihn seh´!“ Joseph blieb stehen, wagte einen Schritt über die Schwelle in das Reich des Brandauer, des alten hageren Mannes mit dem weißen Bart, der kleinen runden Kappe und den schwarz funkelnden Augen. „Aber, siehst du ihn denn manchmal?“, fragte Joseph ganz erstaunt und fügte hinzu. „Niemand hat Gott jemals gesehen, niemand jemals, zu keiner Zeit der Welt.“ „Wie misst man die Zeit?“ fragte der Alte dann „Na, mit Uhren.“ hörte man Josephs Stimme. „Schau dich um“, sagte Brandauer „hier findest du alle Zeit der Welt. Hunderte Uhren tickten und maßen die Zeit in Stunden, Minuten und Sekunden, ab und zu schlug ein silberhelles Glöckchen. Sie sahen nicht nur verschieden aus, sie gingen auch alle verschieden. Da waren große, schwere schwarze Standuhren mit einem Gong, der weit über den Hofplatz schallte und zarte elfenbeinerne mit wunderbaren Schnitzereien. Ganz schlichte Bahnhofsuhren hingen neben vergoldeten Kunstwerken von schier unglaublicher Schönheit. Joseph schritt von einer zur anderen voll Staunen und Ehrfurcht über so viel Zeit, die hier gemessen wurde. Der Alte zeigte ihm die Uhr mit der Zeit von Venedig, die Uhr mit der Zeit in Moskau, in Paris, Hongkong und Honolulu. „Aber du hast recht, kleiner Joseph. Zu keiner Zeit und an keinem Ort hat man Gott jemals erblickt. Aber dennoch möchte ich dir einen Schatz nicht vorenthalten, meine wertvollste Uhr. Ich nenne sie die Gottesuhr. „Obwohl“, hielt er inne, „Gott misst die Zeit mit anderem Maß. Ich habe sie jedenfalls von meiner Tante geerbt. Sie hat gesagt: Diese Uhr, mein lieber Jakob Brandauer, die darfst du nur aufziehen, wenn dein Herz voll Liebe ist, nur dann, vergiss das nie. Schau dich um, kleiner Joseph, sprach der Alte. Ob du sie wohl findest?, sprach´s und blinzelte mit seinen schwarzen Augen. Joseph schritt von dieser zu jener Uhr, eine reichverzierter als die andere, doch ganz hinten in der Ecke, da blieb er stehen. Er wusste es einfach als er sie sah. Das musste sie sein, die Gottesuhr. Auf dem fein verzierten Uhrenkasten war eine goldene Kugel und auf ihr tanzte ein Paar, Mann und Frau, hielten sich eng umschlungen, zart und gewaltig, wunderbar und schön. „Warum sind sie so schön?“ flüsterte Joseph. Da stand der Alte auch schon neben ihm und drehte seinen Bart mit dem Finger. „Sie sind so schön, weil sie sich lieben. Ihre Gesichter erstrahlen im Glanz der Liebe und so wird Gott in ihnen sichtbar. Ja, so wird er sichtbar. Wenn wir uns untereinander lieben, so bleibt Gott in uns.“ „Dann kann man ihn ja doch sehen, Gott mein ich.“ sagte Joseph. Brandauer wiegt den Kopf. „Ja, in gewisser Weise hast du recht, dann kann man ihn doch sehen.“ Joseph kam noch oft zum alten Brandauer. Nie wieder sprachen sie über die wunderbare Uhr. Aber, als der Joseph aus dem Haus ging, fortzog in die Welt, machte ihm der alte Uhrmacher ein Geschenk. „Nimm sie, mein Joseph, ich hab keine eigenen Kinder. Aber denk dran, du darfst sie nur aufziehen, wenn dein Herz voller Liebe ist. Das ist die Zeit, die Gott für dich zählt.“ Der Joseph zog in die Welt und schon bald war nicht mehr viel übrig von dem kleinen Jungen, der voll Begeisterung dem alten Brandauer zuhörte und zusah. Zur See fuhr der Joseph und arbeitete sich hoch mit zäher Energie, nur Erfolg zählte. Und wenn es ihm gelang, eine Stufe auf der Erfolgsleiter empor zu klettern, war es ihm egal, wer dabei zurückblieb. Frau und Kinder sah er immer seltener. Längst war die Liebe erkaltet. Ein zäher selbstgerechter Mann war aus dem kleinen Joseph geworden, bei dem man sich nur Gehör verschaffen konnte, wenn man mit den Ellenbogen arbeitete. „Mir hat im Leben auch keiner was geschenkt.“, sagte er. Aber das stimmte nicht. Die Uhr des alten Brandauer war längst verstaubt in der Rumpelkammer auf dem Speicher gelandet. Das letzte Mal hatte er sie vorsichtig aufgezogen am Tag seiner Verlobung. Unendlich glücklich war er da, drehte am Schlüssel, da tanzte das wunderbare Paar und seinem Herz war klar, dass er dieser Frau zur Seite stehen wollte, bis zum letzten Atemzug. Doch das war lange her, die Kinder groß, Joseph längst ein eiskalter Geschäftsmann, den kaum etwas erschütterte. Schiffseigner war er geworden, drei große Dampfer fuhren für ihn. Die Finger machte er sich schon lange nicht mehr selbst schmutzig. Und dann passierte etwas. Der Schiffskoch seines ersten und ältesten Schiffes, der immer fröhliche dunkelhäutige Paco, war in letzter Zeit blass. Zweimal schon war er während der Arbeit gestürzt. Längst kam das bezaubernde Lächeln nicht mehr auf seine Lippen und die schwarz funkelnden Augen wurden stumpf. Joseph hatte ihn zum Arzt geschickt. Die Diagnose war eindeutig, Leukämie, eine selten aggressive Spielart davon. Nie würde der Malaie die Therapie bezahlen können. Die Mannschaft schrieb ihn schon ab. Sie kennen ihren Chef und wissen, was Krankheit bedeutet. Da geschieht das Wunder. Joseph mit dem hartgewordenen Herzen vermisst die funkelnden schwarzen Augen von Paco. Dunkel steigt eine Erinnerung in ihm auf, so funkelten auch die Augen des alten Brandauer und da weiß er genau; ich will diese Augen wieder funkeln sehen. Er zahlte und das nicht wenig für die Therapie seines Kochs. Nicht nur das, er besucht ihn. Joseph tritt vorsichtig über die Schwelle des Krankenzimmers, sitzt am Bett. Pacos Familie ist weit weg, hätte nie das Geld zu kommen. Als Joseph abends nach Hause kommt, empfängt ihn seine Frau und nach endlos langer Zeit schaut er sie mal wieder an. Er sieht erste Falten und graue Strähnen, er sieht die Traurigkeit in ihren Augen und fühlt sein Herz. „Kannst du mal auf den Speicher gehen“, sagt seine Frau, „da klingelt irgend etwas. Vielleicht ist der Brandmelder kaputt.“ Joseph geht, ein zartes Klingeln belebt den Raum. Er kennt das Geräusch, da aus der Ecke im Karton kommt es, die Gottesuhr. Mit beiden Händen holt er sie aus der langen Verbannung im Karton. Da tanzen sie wieder, Mann und Frau, eng umschlungen, zart und gewaltig. Und

Joseph weiß, es ist die Liebe, die wir verschenken, die sie zum Klingen bringt.

Ritter Schmidt

Wo finden wir einen modernen Ritter? Man muss ein wenig geduldig sein, sich warm anziehen, eine Digitalkamera mit guter Auflösung kaufen und sich auf die Jagd machen.
Irgendwo in Deutschland, in der Großstadt, in der teureren Gegend, vor einem Nobelrestaurant, sagen wir mal; japanische Küche, das ist in, da stehn` die Chancen gut.
So gegen 23.15 Uhr da taucht er auf. Martin Schmidt, der moderne Ritter. Sein Schwert ist das neuste I-Phone, damit kommt er durch die ganze Welt, seine Aktentasche ist sein Schild, darin ein Tablet, allerneustes Modell, zu allem fähig. Die aktuellen Börsendaten sind sein Lebenselixier, sein Pferd ist sein schnelles Auto, ein schwarzer Ferrari. Geschickt lotst er den eleganten Schlitten durch die Großstadtnacht, dank Navigationssystem immer auf direktem Wege. Martin Schmidt trägt feine Sachen, schlicht, dezent, gleichzeitig von sichtbarer Eleganz und sündhaft teuer. Er hat Geschmack und auch sonst allerlei. Jetzt ist er müde, als wir ihm begegnen. Das Geschäftsessen war lang, das Ergebnis ist gut. Seine Bank wird sich freuen, sein Konto auch. Gerade will er in die Nobelkarosse einsteigen, als er´s hinter sich rascheln hört, ein Stück weiter, bei den Mülltonnen. Im fahlen Laternenlicht erkennt er einen mageren Jugendlichen, dreizehn vielleicht, die Kapuze über den Kopf gezogen, zerschlissene Turnschuhe, bei der Kälte, so wühlt er in der Tonne. Was sucht der bloß? Martin Schmidt bleibt eine Sekunde zu lange stehen und sieht, eine Banane hat die dürre Gestalt gefunden, verschlingt sie voll Heißhunger. Schmidt traut seinen Augen nicht, steigt ein und vergisst den Vorfall sofort. Doch nachts hat er einen komischen Traum. Er träumt, dass er Hunger hat, unendlich großen, schmerzhaften Hunger, wie er es als Kind zuletzt hatte, als er sich mal im Wald verlief. Und er träumt weiter, er findet eine Banane im Müll, schält sie auf und puff, da zerfällt sie zu Staub. Martin Schmidt wacht auf, gerädert, todmüde und ihm fällt der Junge ein, der an der Tonne, der ihn irgendwie schmerzlich berührt hat in seinem Hunger, mit seinen blau gefrorenen Händen und der Gier, mit der er die Banane aß. Unter der Woche vergisst Martin Schmidt die Szene wieder, arbeitet bis in die Nacht, schläft und isst , hört Musik ganz normal bis zum nächsten Geschäftsessen in eben diesem Restaurant. Gleiche Uhrzeit, wieder einen guten Geschäftsabschluss in der Tasche, Schmidt beherrscht die Waffenkunst der Banker. Wieder will er ins Auto steigen, da ist wieder der Junge bei den Tonnen. `Irgendetwas stimmt in Deutschland nicht, wenn ein Junge nachts in den Tonnen suchen muss,` denkt Martin Schmidt und steigt nicht ein. Er klopft dem Jungen auf die Schulter, der zuckt zusammen. „Hast

du kein zu Hause?“ fragt der Herr in den feinen Sachen? Der Junge starrt ihn an. Er braucht eine Weile bis er merkt, der schreit ja gar nicht: „hau ab“, der fragt ja wirklich. „Doch schon“, sagt er dann, „bloß mein Alter ist wieder besoffen, da gibt´s nicht zu fressen, Entschuldigung, zu beißen, wollt´ ich sagen. Geld is´ auch alle, wie immer.“ Sagt´s, zuckt mit den Schultern und will gehen, der magere Junge, der Martin Schmidt an irgendetwas erinnert. Dieser weiß nur nicht woran. Und so ruft er ihm nach: „Warte, hier hast du fünf Euro! Kauf dir was Anständiges zum Essen.“ „Armes Deutschland“ murmelt er dann, schwingt sich ins Auto und kann sich irgendwie nicht mehr freuen über sein gutes Geschäft. Dann, abends im Bett kurz vor dem Einschlafen fällt´s ihm ein. `Genau daran hat mich der Junge erinnert. Bei Großmutter hing im Portal ein Bild: „St. Martin und der Bettler“ Der Bettler mit diesen großen, traurigen erschrockenen, hungrigen Augen, genau wie der Junge, genauso erschrocken und ungläubig schaute der Bettler, als einer stehenblieb, wie der Junge. Dann fielen Martin Schmidt die fünf Euro ein und er musste an den Mantel denken und daran, dass Großmutter immer gesagt hatte: „ Junge, teilen ist mehr als abgeben, was du nicht unbedingt brauchst. Junge, denk dran, was im Matthäusevangelium steht: Was ihr getan habt einem von diesen meinen geringsten Brüdern, dass habt ihr mir getan.“ Martin Schmidt, was tat er nun, der moderne Großstadtritter? Es ist an uns zu überlegen, was er für Möglichkeiten hatte. Vielleicht hat er eine Suppenküche eröffnet und immer wenn er ein gutes Geschäft gemacht hatte, gab´s ein Menü vom Feinsten dort und alle sonst so Bedürftigen fühlten sich wie die Könige. Oder aber, er machte sich auf die Suche nach dem hungrigen Jungen, kam mit dem Vater ins Gespräch, besorgte ihm eine Stelle als Hausmeister und ging mit dem Jungen zum Fußball.
Oder aber Martin Schmidt schlief mit dem Gedanken an seine Großmutter und ihr Bibelwort ein, verdrängte erfolgreich, schlief ausnehmend gut und begann den Tag wie alle anderen mit einem Latte macciato aus der Designerkaffeemaschine. Dass das nicht passiert, das wollen wir nur hoffen. In jedem Menschen und sei er noch so verzweifelt, so arm, so erniedrigt, so traurig, das Angesicht Gottes zu sehen, dass will uns der wahre St. Martin mit seinem Leben und Wirken lehren. Wir sind alle mehr oder weniger Ritter der Moderne, es ist an uns zu überlegen, wo wir wirklich teilen können.

Sargtischler Otto Anders

Otto liebt Hannah, das wissen alle. Seit er denken kann und sie liebt ihn auch. Otto, das ist der Tischlersohn. Alle kennen ihn, nicht nur weil sein Vater schon der einzige Sargtischler im kleinen Städtchen war. Otto ist so anders, besonders, war er immer schon. Auch schon, als alles begann mit Deutschland, als endlich wieder was los war, damals 33. Schluss mit der Arbeitslosigkeit, sonnabends Stimmung mit der Militärkapelle, die Jungs bei

den Pimpfen, marschieren üben und die Mädels sahen auch fesch aus, mit ihren weißen Blusen, den strengen Zöpfen. Hannah war nicht dabei, die schöne Hannah, da war sie raus mit ihren langen seidigen Wimpern, der dunklen Stimme, nicht arisch, ja schlimmer noch, Jüdin.
Der Laden ihrer Eltern lief immer schlechter. Kaum ein Dutzend Leute wagten es noch, beim Kaufmann Rosenkranz einzuholen. Ottos Vater, der alte Anders war dabei und Otto, der kaufte extra viel. So viel konnten die Zwei doch gar nicht essen. Die anderen von der Hitlerjugend fingen ihn ab, direkt vorm Laden, stellten ihn zur Rede. "Was, du kaufst beim Juden? Du willst Deutscher sein?" Otto machte sich ganz fest, sein Gesicht wie ein Stein. Einen Satz sagte er und sieht dabei dem Anführer, dem feisten Herfried, Sohn vom Fleischer gerade in die Augen. „Juden sind Menschen wie du und ich und wer das leugnet, leugnet Gott." „Den kriegen wir auch noch dran, deinen Gott," sagt Herfried und spuckt Otto vor die Füße.
„Dein Gott ist ein Schwächling, da am Kreuz." „Liebe ist stärker." sagt Otto und geht, langsam, ohne sich umzudrehen, aufrecht, sein Rücken ist breit, sein Gang sicher. Keiner macht das Maul auf. Mit so einem Satz haben sie nicht gerechnet. Sie zerstreuen sich, der Steinhaufen vor dem Laden schon zurecht gelegt, bleibt liegen. Sie schämen sich ein wenig, aber nur ganz tief drin und hassen Otto umso mehr, weil er nicht mitläuft, weil er so anders ist und so aufrecht. Liebe ist stärker. Otto liebt Hannah und Hannah Otto. Sie treffen sich heimlich hinten in der Sargtischlerei. Sie schwören sich ewige Liebe und müssen sich doch schon bald lassen. Otto muss seinem Vater viel zur Hand gehen. Der alte Anders ist kriegsversehrt, zieht ein Bein nach, atmet oft schwer. Otto kennt sich aus mit den Särgen, die hellen leichten aus Fichtenholz für die einfachen Leute, die schweren eichenen mit glänzenden Beschlägen für die betuchten Geschäftsleute, die kleinen weißen für Kinder.
Wenn einer stirbt in der Stadt, führt Otto die Gespräche mit 14 Jahren schon. Er ist ein besonderer Junge, weiß das rechte Wort zu sagen, wenn die Angehörigen über die Schwelle treten. Seine blauen Augen werden hell, wenn man hineinschaut, fast als erblickte man ein Stück Himmel und dann reden die meisten. Sie erzählen, wie ihr Liebster gestorben ist und was er sich noch gewünscht hat. Otto hört zu, fragt manchmal leise und geht dann mit den Trauernden nach hinten in die Werkstatt. Er zeigt die Hölzer, hat sofort einen Blick dafür, was die Menschen bezahlen können und was sie gerne hätten als letzte Hülle für ihren Toten. „Nimm Lärche," sagt er, „nimm Lärche für Oma Erna. Sie saß so gerne auf der Bank unter der Lärche." Oder "nimm Esche", für den Schnitter Paul. „Seine Sense war sein ein und alles.
So mähen kannst du nur, wenn dir das Werkzeug richtig in der Hand liegt.", hat er immer gesagt. Otto kennt die meisten, die zu ihm kommen und für die sein Vater und er die Särge bauen, die kennt er auch. Als die Zeiten härter werden, wird Otto es auch, nach außen jedenfalls. Man sieht ihn kaum noch. Kaufmann Rosenkranz ist geflohen, Hannah auch. Otto hat die Ladentür vernagelt, nach dem sie die Scheiben eingeschmissen haben. Dann soll er gezogen werden, wie die anderen in seinem Alter, die längst freiwillig mit

wehenden Fahnen los sind. Der alte Anders weint, als er den Einberufungsbefehl sieht. „Musst wohl los, mein Junge, musst wohl los, sonst stell´n sie dich gleich an die Wand.“ Otto will nicht. Er nimmt die Axt und hackt sich ins Bein. „ Ich mach da nicht mit“, sagt er. Fast wäre er verblutet. Jetzt zieht er das Bein nach, wie sein Vater, kriegsuntauglich. Außerdem wird er hier gebraucht. Särge kann´s bald nicht genug geben. Noch tönen die Parolen siegessicher aus dem Volksempfänger, noch schreibt der Herfried zackige Briefe von der Ostfront. Sein Vater, der stramme Nazi prahlt damit am Stammtisch. Otto tischlert Sarg um Sarg. Er macht keine Unterschiede, wenn der Tod ins Haus kommt, sind sie alle gleich, brauchen Trost, einen der zuhört, da nützt der Heldentod gar nichts. Anfangs kommen die Jungs noch nach Hause, später kann man froh sein, wenn überhaupt Nachricht kommt. Eines Abends sitzt der alte Anders tot im Sessel. Otto macht seinen schönsten Sarg, jetzt ist er ganz allein.

Und dann kommen schon bald die Flüchtlinge, traurige Gestalten, abgemagert, hohläugig, ständig auf der Hut. Immer öfter muss der Otto kleine Särge machen. Er tut es ruhig, mit sicherer Hand, verbraucht sein letztes Holz, nehmen will er nichts dafür. „Was habt ihr denn schon? Nicht mal einen Kanten Brot. Behaltet die Kette“, sagt er der jungen Frau, die mit noch drei Kindern am Rockzipfel dasteht. „Behaltet sie, es ist alles schon schlimm genug.“

Das ganze Elend bricht sich die Bahn in endlosen Zügen aus dem Osten. Dann klopft es eines Nachts. Otto hat feine Ohren. Sicher wieder Flüchtlinge, die um ein Stück Brot bitten, denkt Otto. Doch da steht er vor der Tür, erst an der Stimme hat er ihn erkannt, so abgerissen und zerlumpt ist dieses Bündel Mensch. Es ist Herfried, der einstmals so scharfe HJ- Führer, Fleischerserbe. „Bin getürmt, sagt er“ hab´s nicht mehr ausgehalten diesen Wahnsinn. Versteck mich, bitte. Kann nicht nach Hause, der Alte meldet mich gleich.“ Seine flehenden Augen irren umher wie von einem gehetzten Wild. “Hab´ mich durchgeschlagen, kann nicht mehr.“ Hohes Fieber hat er, das sieht Otto sofort. Auf Desertieren steht Tod, auf Verstecken von Deserteuren auch. Otto denkt nicht lange nach. Die Werkstatt hat noch einen kleinen Raum hinten dran, ohne Fenster, aber trocken, von der Straße nicht zu sehen. Da liegt Herfried. Otto besorgt Medikamente, das ist nicht leicht. Herfried ist gebrochen, selbst als das Fieber nachlässt. Das ist nicht der alte, siegessichere Herfried, das ist nichts als ein Bündel Mensch mit Alpträumen und ängstlichen Augen und Sehnsucht nach einem, der gut zu ihm ist. Otto kriegt ihn aufgepäppelt, fragt nichts, hält ihn fest, wenn er nachts schreit, macht ihm Tee, gibt ihm die Sachen vom alten Anders. So dünn ist Herfried, dass sie an ihm schlottern. Und selbst als sie an die Tür hämmern mitten in der Nacht, mit ihren schweren Ledermänteln, Reitpeitschen, Stiefeln ins Haus drängen, bleibt Otto ruhig. Wieder ein Gesicht, wie ein Stein, aufrecht steht er da: „ Sargtischler, los zeig die in die Werkstatt!“, bellen sie. Doch da ist nichts als Staub und billige Kiefernsärge, aus alten Obstkisten zusammengezimmert. Sie trampeln durch, stoßen die Tür zum Nebenraum

auf. Ehrfrieds Lager lässt sie stutzen. „Da leg ich mich manchmal hin, wenn mein Bein nicht so mitmacht, sagt Otto mit steinerner Miene.“
„Halts Maul, Drückeberger, wir kommen wieder“, brüllen sie noch. Sie reißen die Wandschränke auf, finden nichts. Dann ist der Spuk vorbei. Doch wo ist Ehrfried? Als die metallbeschlagenen Stiefel sich entfernen, quietscht ein Sargdeckel. Ehrfried taucht auf, nicht viel farbiger als eine Leiche. „Danke“, sagt er. „Dank´s Gott“, sagt Otto und da fällt Ehrfried wieder ein, was Otto damals vorm Laden gesagt hat: “Juden sind Menschen wie du und ich und wer das leugnet, leugnet Gott.“ Ich dank´s ihm“ sagt Ehrfried und klopft sich den Staub von der Hose. Langsam, ganz langsam erholt sich der Ehrfried. Es wird Frühling in Deutschland, April, dann Mai 45. Ehrfried geht Otto zur Hand. Der alte Fleischer ist auf und davon. Die Leute in der Stadt erkennen Ehrfried nicht, er bleibt dünn und sieht alt aus. Otto sagt:“ Ist mein Vetter aus Ostpreußen, musste raus da.“ Und dann kriegt Otto eines Tages Post aus Amerika. Rosenkranz steht drauf, Hannah Rosenkranz, Chicago, Waterstreet 25. Otto liebt Hannah. Hannah lebt. Otto überlegt nicht lange, packt seine sieben Sachen, nimmt den erst besten Dampfer. „Gestorben wird auch in Amerika“, sagt er. „mach du den Laden weiter Erich,“ so nennt sich Ehrfried jetzt. So lief sie weiter, die Sargtischlerei Anders, bis in die 90iger Jahre und die Leute kamen zu Erich, als wär`s der Otto. Erich hörte zu und fand immer das richtige Holz, er hatte ja einen guten Lehrmeister. Nur mit Worten, da war er nicht so gut, obwohl; “Liebe ist stärker,“ das sagte er den Leuten , wenn er nichts anderes zu sagen wusste: „Liebe ist stärker, sogar stärker als der Tod.“

Seht, die gute Zeit ist nah…

Wer sich freuen will, muss erst all das erkennen, was die Freude verhindert. Das ist ein Weg nicht ohne Schmerzen durch Vergangenheit und Zukunft, der manchmal völlig unverhofft vor einem liegt. So ging es ihm, später wusste er auch nicht mehr, was ihn eigentlich bewogen hatte, den Laden zu betreten. „Antik und allerhand Kram“, stand über der Tür. Er war kein Liebhaber solcher Dinge, aber er suchte noch ein Geschenk für seine Mutter. Seit einem Jahr war sie im Pflegeheim, erkannte ihn nur manchmal. Es gab Tage, da wusste er es nicht so genau. Da blieb sie stumm, reagierte nicht auf seine Worte, blickte teilnahmslos zum Fenster hinaus. Dann ging er schnell wieder. Es gab auch Tage, an denen sie ihn frohgemut beim Namen nannte und glasklar in Erinnerungen kramte. Das waren gute Tage, aber die waren selten. Jetzt brauchte er also ein Geschenk für sie. Als er mit Schwung die Ladentür öffnete, schreckte fast zurück vor seinem Gegenüber. Blass, ein wenig ausgemergelt mit Ringen unter den Augen trat ihm ein Mann entgegen. Im gleichen Moment wurde ihm bewusst, dass er es selber war, er, Bernd.

Ein großer, goldumrandeter Spiegel nahm ihn völlig auf, ganz ohne Erbarmen. Alt bin ich geworden, dachte er. Kein Wunder, bei all den Sorgen. Die eigene kleine Firma füllte sein Leben. Daneben gab es nichts, außer den Besuchen bei seiner Mutter und ab und zu die Sehnsucht nach Martha, die ihn eines Tages verlassen hatte.

„Du bist ja mehr mit deiner Firma verheiratet, als mit mir“, hatte sie gesagt und war verschwunden, ohne ein Wort, nach zwölf Jahren Ehe. Er hatte es überstanden, nicht gut, aber das Leben, vor allem die Arbeit, lief weiter. Dann der Schlaganfall der Mutter, das Problem mit dem Heimplatz und jetzt Weihnachten. Ja, Weihnachten und es roch danach, plötzlich wusste er warum. Räucherkerzen waren es, keine esoterischen Düfte, echte, gute alte Räucherkerzen. Schräg gegenüber saß der Verkäufer. Er wirkte seltsam zwischen all den alten Dingen. Viel zu jung, zart, mit schmalen Händen ungewöhnlich klarem Blick und mit leiser Stimme fragt der Junge vorsichtig:“ Ist es etwas Bestimmtes, was sie suchen?“ „Ein Geschenk für meine Mutter, sie ist.., sie hatte, sie lebt im Pflegeheim und erkennt mich nur manchmal.“, sagt er dann über sich selbst verwundert, dass er auf einmal so offen darüber sprechen kann. Der Junge überlegt einen Moment, bückt sich und zieht etwas aus dem untersten Fach, in feines, weißes Papier gehüllt. Filigran und wunderbar gearbeitet ist es, eine Pyramide. Vier Kerzen steckt er darauf, vier rote. Der Junge zündet sie an und schon fangen die Figuren an zu leben. Maria und Joseph in der Mitte, mit dem Kind, davor die Hirten, mit drei schwarzen und einem weißen Schaf, die Könige mit wunderbaren Gewändern und die Engel. Im Flackern der Kerzen bewegen sie sich zauberhaft leicht. Fast sieht es aus, als flattern die Gewänder. Und dann fällt sein Blick auf einen winzig kleinen Engel, einen waghalsigen Kerl. Der Schnitzer dieser Pyramide muss ein spaßiger Vogel gewesen sein. Dieser kleine Engel hatte versucht auf den großen Ochsen zu klettern, der andächtig hinter der Krippe lag. Fasziniert blickt er diesen kleinen Kerl an. Vorwitzig, fröhlich, ja wild begeistert hatte er den besten Ausblick auf das Jesuskind. Und da kommt es aus ihm heraus, glucksend und leise, ein tiefes Lachen. Er weiß nicht mehr, wann er es zuletzt gelacht hatte. Vielleicht vor Jahren im Urlaub mit Martha, vielleicht war es noch länger her. Er lacht und das Lachen breitet sich wie eine warme Woge in seinem ganzen Körper aus. „Ich nehm` sie, die Pyramide“, sagt er laut und leise zu sich selbst: „Ich werd´ sie ihr schenken, aber vorher hol` ich sie am Heilig Abend, ja ich werd` sie holen, vielleicht, ach , ganz sicher erkennt sie mich. Der Verkäufer hatte ihn die ganze Zeit angesehen, still, intensiv, ohne sich abzuwenden. Eine Klarheit ging von ihm aus, als schaute er in Bernd hinein, wüsste alles.

Vorsichtig packt der Junge die Pyramide in das weiße, feine Papier, nimmt das Geld, öffnet ihm die Tür. „Gesegnete Weihnachten“, sagt er und als die Tür hinter Bernd zufiel, wusste er, wem die Züge des Verkäufers glichen: Dem kleinen Engel auf dem Ochsen. Er schüttelt ungläubig den Kopf, muss über sich selber lächeln und geht in den Vorweihnachtstag hinaus.

Sonderbare Begegnung

Ich weiß nicht, wie es ihnen geht, aber in der Adventszeit hat man manchmal sonderbare Begegnungen, weder alltäglich noch gewöhnlich. Gestern traf ich jedenfalls den dicken Herrn Engel. Es dämmerte schon, als er mir leicht schnaufend entgegenkam, in der Hand einen von den blauen Plastiksäcken, die immer so schnell reißen. Herrn Engels Sack war auch aufgerissen und heraus quoll die Mütze eines dieser kletternden Weihnachtsmänner, die man jetzt überall von den Balkons und vor den Fenstern hängen sieht. Mein Blick fiel darauf und Herr Engel blieb leicht verlegen stehen. Er stellte den Sack ab und da sah ich, dass er voll war mit diesen fürchterlichen Balkonbiestern. „Neuester Werbegag, verkaufen Sie sie?“ fragte ich. „Ach, keinesfalls“, sagte er. „Ich hab` gerade drei Straßen von ihnen gesäubert.“ „Wollen sie damit sagen, Herr Engel, dass sie auf den Balkons rumgeklettert sind und die Weihnachtsmänner geklaut haben?“ „Na ja, geklaut würde ich ja nicht sagen. Befreit hab` ich die Menschen von ihnen, befreit! Als ob diese Kapuzenmänner irgendetwas von Weihnachten wüssten, geschweige denn, damit zu tun haben.“ Er redete sich richtig in Rage, fuchtelte mit dem blauen Plastiksack herum bis der völlig aufplatzte und sich die rote Weihnachtsflut über die Straße ergoss. „Ach du meine Güte, sagte er, holte eine neue Tüte und ich half ihm, die Männer hineinzustopfen. „Sie müssen sie zurückbringen, Herr Engel, sie machen sich strafbar“, sagte ich. „Ach was, strafbar sind ganz andere Sachen. Ich bin Weihnachtspurist. Haben sie noch nichts davon gehört?“ „Nein, was ist das denn?“ Ach, sagt er, wir beschränken uns auf das Wesentliche an Weihnachten: Zurück zur Krippe heißt unser Slogan. Kommen sie mal mit“, sagte er dann und zog mich, den Sack hinter sich herschleifend in sein kleines Häuschen. Es roch nach Zimt und Anis, ein bisschen nach Glühwein. Ich stolperte über einen weiteren blauen Sack und saß in der Küche. Geschwind öffneten seine kleinen dicken Hände eine Weinflasche, 94iger Cabernet, Zimt, ein Paar Scheiben Orange, Kardamom, Nelken, eine Prise Muskat und fertig. So einen guten Glühwein hab ich im Leben noch nie getrunken. Als mir dann so richtig warm war, hab ich mich noch mal getraut zu fragen, warum er das alles täte. Er zwinkerte mit den Augen und sagte: „Diese Weihnachtsmänner, alles gefälschte Boten, alles Betrug. Wer war es denn zuerst, der erzählte, dass es Weihnachten wird? Wer war es denn, der alles schon vorher wusste? Na wer? Ich nahm erst noch einen Schluck. Er schaute äußerst gespannt. „Na der Engels war´s, sagte ich dann etwas unsicher.“ „ Ja, ja der Engel und er nahm ein Bild von der Wand, so eine Art Stammbaum. Ganz unten stand Wilfried Engel, dann tausenderlei Namen und an erster Stelle GABRIEL in Klammern (Erzengel). Das der dicke Herr Engel ein bisschen komisch war wusste ja jeder, aber das er´s soweit trieb? Nein!, oder war´s der Glühwein? „Gabriel, sagte er, sie wissen doch wer er war. Ich kramte in meinem Gedächtnis:“ Der Engel, der Maria verkündete, dass sie einen Sohn bekommen würde, wohl auch der, der den Hirten erschien.“

„Genau der“ wieder zwinkerte Herr Engel und mir war ganz merkwürdig zumute, als säße ich mitten im Film. „Tja, dass hätten sie wohl nicht gedacht vom dicken Herrn Engel“, sagte er und goss nach. „Ja aber, wie sollte man denn ihrer Meinung nach Advent und Weihnachten feiern?“ wagte ich dann zu fragen. „Fröhlich“, sagte er und dann „in Erwartung… in Hoffnung… in Frieden.“ Schauen sie sich mal die Gesichter der Leute im Parkhaus oder auf dem Weihnachtsmarkt an: Gehetzt, verbissen, gestresst, als hätten die Weihnachtsmänner sie gebissen, so sehen sie aus.“ „Jetzt übertreiben sie aber Herr Engel.“ Schon wieder hatte er sich in Rage geredet, wie es sich für einen ordentlichen Nachfahren vom Erzengel gehört.

„Und Heilig Abend?“, fragte ich schnell. Was machen sie da, Herr Engel? Ich wusste, dass er seit etwa fünf Jahren allein war. „Ich lade ein. Drei Tage koche ich, drei Tage und Nächte, alles und vom Feinsten. Dann lade ich ein, den Ex-Knasti von Gegenüber, den Tätowierten, wissen sie, Frau Jagelski, die alte Polin, die hat Weihnachten immer so Heimweh, dann Otto, den ollen Schluckspecht und manchmal schaut das junge Paar von schräg Gegenüber noch rein, wenn die drei Kinder schlafen. Dann sitzen wir hier und jeder darf sich ein Lied wünschen vorm Essen. Ich wünsch mir immer: „Vom Himmel hoch, da komm ich her“, ist doch klar warum? „Ist doch klar,“ sag ich. „Herr Engel, jetzt muss ich aber los und schöne Weihnachten.“ „Werd ich haben. Vielleicht haben sie ja Lust rüberzukommen.“

Völlig benommen stolpere ich auf die Straße. Die klare Nachtluft schlägt mir entgegen.

Hab` ich geträumt? Oder war´s wahr? Jedenfalls gibt´s das immer wieder, dass einem sonderbares begegnet im Advent. Ich denke, ich wird hingehen am Heilig Abend.

Und hätte die Liebe nicht….

Irgendwo in Deutschland in einer nicht ganz kleinen Stadt waren sie zu Hause: Frau von Schill, ihr Sohn Adrian und Otto nur noch in der Erinnerung, der schon früh verstorbene Gatte Otto von Schill, der als Schuhfabrikant reich geworden war.

Die späten dreißiger Jahre waren angebrochen. Deutschland zitterte unter der Macht der Nationalsozialisten, aber mehr vor Aufregung als vor Angst. Der drohende Krieg füllte die Luft mit Aufbruchsstimmung, Hass und einer große Angst bei denen, die sowieso schon am Rand der Gesellschaft standen, bei den Juden.

Frau von Schill lebte mit ihrem Adrian am Rande der Stadt im gehobenen Viertel in einer der größten Villen. Immer noch hielt sie sich kerzengerade. Der strenge Knoten war mitsamt dem Kopfhaar fast vollständig ergraut. Respekt hatten die Leute vor ihr, ihrem herrischen Ton, ihrer fast zum Charakterzug gewordenen Trauer um Otto, den phantasievollen Adelsspross, der mit Designerschuhen damals ein Vermögen machte. Tagelang hatte er in der „Werkstatt“ gesessen, wie er die großzügig ausgestatte Souterrainwohnung in seiner Villa nannte und entwarf die neueste Schuhmode für den „eleganten Herrn und die bezaubernde Dame“ der zwanziger Jahre. Jetzt, in den späten Dreißigern nach Ottos Tod, hatte Agathe von Schill die Fabrikation auf Stiefel umgestellt, Soldatenstiefel, schwer, manche hart beschlagen. Das wurde gewünscht, man ging im Hause von Schill mit der Zeit. Agathe von Schill hatte sich anzupassen gewusst nach dem Machtwechsel, führte die Fabrik mit Geschick und strenger Hand. Adrian, der einzige Sprössling hätte das nie vermocht. Etwas geringschätzig hatte sie ihn schon als er noch ein kleines Kind war betrachtet. Adrian Balthasar Freiherr von Schill mit seiner allzu zarten Konstitution, dem schmalen Gesicht mit tiefdunklen Augen, den langen feingliedrigen Fingern und seinem empfindlichen Gemüt, das so schnell zum Weinen neigte und mit aller Kreatur Mitleid hatte. Wie oft hatte er Katzen, hinkende Hunde, sterbende Vogelkinder angeschleppt und fast immer gelang es ihm, sie aufzupäppeln. Unten in der Werkstatt des Vaters hatte er sie gefüttert, gehegt, gepflegt und sah abends als Letzter und morgens als Erster nach ihnen. Otto hatte es geduldet, als er sah, welche Freude all das Getier seinem einzigen Kinde machte. Ihren Adrian, dieses wunderliche Kind, das neben den Tieren nur noch eine Leidenschaft entwickelte; die Musik, hatte Frau von Schill nie verstanden. Wie konnte sie nur einen solchen Sohn zur Welt bringen, scheu, tierlieb und musikalisch, sie, als Tochter eines Generals, der schon an der Seite des Kaisers so manchen Kampf siegreich bestanden hatte. Sie hatte es dennoch gebilligt, als der Adrian Kirchenmusik studierte. Das nun auch noch, weil er so eine seltsame Neigung zu Orgeln hatte und schon als Kind Kirchen über alles liebte. So war er Kantor in der Christuskirche geworden. Ein guter Kantor, immer noch scheu, wortkarg, aber an der Orgel grandios. Die Chordamen liebten ihn, doch keine hatte er erwählt. Jetzt war er schon in die Jahre gekommen, da hatten sie die Hoffnung aufgegeben. Das schwarze Haar wurde schütter, doch die dunklen Augen schauten noch immer so leidenschaftlich und tiefgründig, wenn man ihn in einem Moment erblickte, in dem er sich unbeobachtet wähnte. Agathe von Schill und Adrian hatten sich eingerichtet miteinander. Sie führte die Fabrik, des so innig geliebten Gatten, regierte die Dienstboten im Haus und überließ Adrian die Werkstatt ihres Otto. Dort setzte sie kaum einen Fuß hinein, zumal ihr das Treppensteigen immer schwerer fiel. Die bedrängte Zeit nahm sie hin, als sei es eine vorübergehende kleine Last. Ja, dass sie den Zacharias entlassen musste, ihren jüdischen Verwalter, das passte ihr nicht. Aber es war nun mal so. Man musste mit der Zeit gehen, auch wenn Otto immer gesagt hatte: „Zacharias ist meine rechte Hand, ja mehr noch. Du musst ihn hüten wie deinen Augapfel, meine liebe Agathe. Sonst wirst du´s nicht alleine schaffen.“ Doch sie würde es schaffen. Das Geschäft mit den Soldatenstiefeln lief gut und immer besser. Es war höchste Zeit, dass Zacharias gehen musste, jetzt im Herbst 1938. Er hatte kreidebleich

ausgesehen, als sie es ihm sagte, dass sie ich nicht halten könne. „Aber Frau von Schill, ich habe eine Familie und sie wissen doch, Jakob ist noch so klein.“ „Es tut mir leid, Zacharias, die Zeiten sind härter geworden.“
Dann war er gegangen und zwei Tage später war die Wohnung leer gewesen. Untergetaucht, geflohen sagten die Einen. Die Anderen sagten, es hätten nachts Militärautos davor gestanden, aber vielleicht war´s auch bei den Nachbarn, beim Kaufmann Silberstein, der schien auch verschwunden. Jedenfalls wurde es kälter und härter in Deutschland. Es kam die Nacht, in der die Synagogen brannten und alle jüdischen Läden zerschlagen wurden. Frau von Schill war unangenehm berührt. Es waren auch Stiefel aus ihrer Fabrik, die da nachts übers Pflaster hallten. Doch was noch damit geschah, da wollte sie nicht weiterdenken. Adrian, der ihr schon immer etwas fremd war, war kaum noch zu sehen. Nach oben in die hohen, stuckverzierten Räume kam er immer seltener. Meist bleib er unten in der ehemaligen Werkstatt, wo jetzt seine Truhenorgel stand, ja er schlief sogar oft dort. In letzter Zeit bekam sie ich gar nicht mehr zu Gesicht. Es wurde Advent in Deutschland, auch damals 1938. Lichterketten füllten die Straßen, es roch gut. Man kam auch ohne das jüdische Kaufhaus aus, obwohl es an manchem mangelte. Na ja, Deutschland musste den Rock enger schnallen, es lag Großes in der Luft, da musste so manches ausgehalten werden. Frau von Schill war selbst erstaunt, als sie in diesem Advent zum ersten Mal eine tiefe Sehnsucht in sich spürte, sich aus dem unseligen Geschäft mit den Soldatenstiefeln zurückzuziehen. Immer öfter ertappte sie sich dabei, dass sie in der Nähe der Christuskirche spazierte, wenn der Adrian dort mit dem Chor probte, oder an der Orgel saß. Einmal wagte sie sogar einen Blick hinein.
„Gott sei dank“, er hatte sie nicht gesehen. Nur sie sah ihren Sprössling und spürte, dass die Musik mehr noch als seine Leidenschaft war. Sie war sein Leben, sein Paradies, sein Zuhause, das er mit anderen teilte, die ihn und seine Musik liebten. Er war mutig, ließ sich so manches Werk nicht verbieten, was die Nazis nicht mochten. Seine Kirche war zu den Konzerten voll, als spürten die Menschen die große Freiheit, die diesen zarten Mann trug. „Adrian Freiherr von Schill, sieh mal einer an!“, murmelte Agathe und ging nach Hause zur dunklen Villa mit den reich verzierten Säulen davor. Morgen würde der erste Advent sein. Sie ließ noch schnell einen Kranz im marmornen Foyer aufhängen und befahl, Pfeffernüsse zu backen. Das sollte eine Überraschung werden, denn es war ihr noch sehr bewusst, dass Adrian Pfeffernüsse schon als Kind geliebt hatte. Die Sonntagsglocken läuteten. Adrian ging früh zum morgendlichen Gottesdienst. Vor Mittag würde er nicht erscheinen. Meist aß er sowieso auswärts, Chordamen luden ihn ein. Aber heute klappe die Haustür früher, doch er zog sich sofort in die Werkstatt zurück. Einsam saß die alte Dame oben. Die Pfeffernüsse standen bereit und der Kaffee wurde langsam kalt. Adrian war nicht zu sehen. Da nahm sie ihren edlen Spazierstock, den sie immer öfter nun schon brauchte und machte sich auf, in sein Refugium. Ob er wohl übte dort in der Werkstatt.

Doch kein Orgelton drang an ihr Ohr, als sie mühsam alle Treppen bezwungen hatte, stattdessen ein verhaltenes Lachen, Stimmen. Sie öffnete mit Kraft die Tür und da sah sie sie sitzen; Zacharias, ihren vertriebenen Verwalter, seine Frau Johanna und der kleine Jakob, den sie noch so spät bekommen hatten, bei Adrian auf dem Schoß. Es brannte ein Licht am Adventskranz und ein Leuchter, siebenarmig stand auf dem Tisch, es roch gut, nach in Fett Gebackenem. Chanukka, Tempelweihfest, das wusste Agathe, wurde bei Zacharias gefeiert, so um den ersten Advent herum. Alle vier wandten den Blick zur Tür. Die hoch aufgeschossene, strenge Frau von Schill, Generalstochter, da stand sie nun, wie vom Blitz getroffen, unbeweglich. Adrian setzte vorsichtig den kleinen Jakob ab und ging auf seine Mutter zu. Der Blick fest in den tiefschwarzen Augen: „Wo sollen sie denn hin, Mutter? Hier ist Platz und es wird keiner drauf kommen." Einen Moment rangen sie nur mit Blicken, bis Frau von Schill irgendetwas von Advent murmelnd den Raum verließ. „Von mir erfährt keiner was.", sagte sie noch im Weggehen und als sie oben war lief eine Träne der Scham über ihre schon lange nicht mehr so straffen Wangen.
Sie sind geblieben, die Drei, lange, bis in den Herbst 1944, da hat sich ein Dienstmädchen verplappert und dann war es aus. Adrian konnte noch fliehen über die Schillsche Verwandtschaft bis in die Schweiz. Frau von Schill hatte sich schützend vor Zacharias und seine Lieben gestellt, als sie abgeholt wurden. Sie wurde niedergetreten von fabrikeigenen Stiefeln. Das hat sie nicht überlebt. Nur der kleine Jakob hat all das Grauen überlebt. Und irgendwann in guten Zeiten hat Adrian ihn aufgespürt. Die Schillsche Villa wurde wieder hergerichtet und da fand Adrian bei Renovierungsarbeiten unter der Diele im Esszimmer die Aufzeichnungen seiner Mutter. „ Darum nehmt einander an, wie Christus euch angenommen hat", stand unter dem Datum jenes 1. Adventes 1938 und: „ Ich ziehe den Hut vor meinem Sohn Adrian, den ich immer für schwach hielt und der das einzig Richtige getan hat; unserem lang gedienten Verwalter Zacharias ein Obdach zu gewähren. Alles werde ich tun, um zu verhindern, dass er noch einmal davon muss, alles, denn was du einem meiner geringsten Brüder getan hast, das hast du mir getan, sagt unser Herr Jesus, der auch ein Jude gewesen ist." Sie hat alles getan und konnte doch nichts tun. Aber sie ist nicht umsonst gestorben. Viele waren es, die ihre Geschichte weiter erzählt haben, den Mut der alten Dame bewunderten und die aus der Liebe geborene Freiheit und Kraft ihres Sohnes.

Vom Menschwerden

Er hatte sie von Anfang an nicht gemocht. Ja es war keine oberflächliche Antipathie, wie sie einem öfter begegnet, wenn einen die Art des anderen reizt oder auch nur sein Aussehen. Hier war es beides und saß dazu noch viel tiefer. Ihn griff es fast körperlich an, wenn er sie durch die Bankreihen gehen sah. Kerzengerade, steif, ab und zu beugte sie sich über Kopf und Rücken eines Schülers, las beiläufig einen Satz, um dann ihren Weg fortzusetzen. Sie lehrte Deutsch und Geschichte und mindestens einmal in der Woche gerieten sie aneinander. Er, der hoch aufgeschossene, dürre Junge mit Brille und dunkler Lockenmähne und sie hager, mit einem enttäuschten Zug um den Mundwinkel meist im strengen Kostüm. In ihrer arroganten, selbstgefälligen Art schien sie sämtliche Interpretationen schon mit der Muttermilch aufgesogen zu haben und daneben galt nichts. Sie boten nicht einmal intellektuelle Reibeflächen, die grundverschiedenen Wesensarten waren es, die sie einander so fremd machten und in der Vorstufe zum Hass leben ließen. Er war ein Träumer und Freigeist, romantisch, voller Ideen und wagte es, was in seinem Alter selten war, auch darüber zu sprechen. Doch irgendwie hatte er eine unangreifbare Stellung in der Klasse. Keiner lachte oder hielt ihn für einen Spinner. Sie blieb immer die Korrekte, eiskalt, hart gegen die Schüler, aber auch gegen sich selbst, unbarmherzig und verschlossen. Es war kurz vorm Abitur.

Die letzten Stunden über Goethes Faust, in denen wiederum die grundverschiedenen Wert- und Lebensvorstellungen der beiden aufeinanderprallten. Die Klasse hatte den Kampf mit Spannung verfolgt. Dann wurden die Klausuren geschrieben, das Thema, ein harter Brocken, nach zwei Wochen sollten die mündlichen Prüfungen sein. Er kam in die mündliche Deutschprüfung, erfuhr, dass er schriftlich gerade mal mit Ausreichend benotet wurde, war unendlich wütend, ja jetzt sogar hasserfüllt. Das kann nur ihr Werk sein, dachte er und folgte voll jugendlichem Elan dem Pfad seiner Rachgelüste. Dann kam der Tag und sie war nicht da, hatte sich einfach krank gemeldet. Nie zuvor hatte er sie krank erlebt. Auf dem Schulhof wurde erzählt, ihr Mann habe sie verlassen. Einfach so- ohne eine Vorankündigung, hatte sich eine Jüngere, Flottere gesucht.

Die Schüler erzählten es mit leichter Schadenfreude. Er wusste erst nicht, was er empfinden sollte, zumal sein Deutschabitur mündlich glänzend gelaufen war, so glänzend, dass man sich sogar noch für ein Gut entschieden hatte.

Drei Tage später sah er sie dann zufällig im Supermarkt. Die sonst so aufrechte Figur leicht gebeugt, tränenschwere Augen, Ringe darunter schien sie um Jahre gealtert. Er beobachtete sie eine Weile und wartete auf ein Gefühl des Triumphes. Nichts kam, außer, dass er sich schämte. Er wollte gerade unauffällig den Laden verlassen, als sich ihre Blicke trafen. Er wurde rot, sie lächelte müde. Es war ein Augenblick, der sie beide von sich selbst befreite, aller Zwänge enthob. „Alles Gute“, sagte sie leise und er: „Ihnen auch.“ Es war kein pures Mitleid bei ihm und bei ihr kein Gebrochensein. Es war die Begegnung zweier Menschen, die das Gute wagten, die im anderen den Mensch erkannt hatten. Sie sind sich danach noch drei, viermal begegnet, haben ein paar Worte miteinander gewechselt. Immer wusste sie, was er gerade machte, hat mit Interesse seinen Weg verfolgt.

Weihnachten mit Oma Editha

„ Die meisten Leute feiern Weihnachten, weil die meisten Leute Weihnachten feiern“ hat der große Dichter Kurt Tucholsky mal gesagt.
Weihnachten wird allgemein als Fest zwangsläufiger Familienzusammenführung gefeiert, weil es gefühlt und angeblich das Schlimmste ist, am heiligen Abend allein zu sein. Weihnachten ist und bleibt ein Gefühlskonglomerat, Potpourri der Sehnsüchte, Erinnerungsfest, Seelenweide, fast alle kriegen sie doch noch die berühmte Weihnachtskurve. Die Einbahnstraße der Gefühle holt sie alle ein. So auch Familie van Papen, die wieder alle versucht haben, sich um das Fest zu drücken und es ist, wie immer, nicht gelungen. Nur dem Silberpaar van Papen, denen die Kinder eine Reise geschenkt haben zur Silberhochzeit, die Die sind in diesem Jahr auf dem Schiff, Lofoten, nordischer Himmel, Weihnachtsdiner an Deck, traumhaft. Nun sitzen die Enkelkinder an mit Oma Editha und das ist nicht ohne. Denn Editha van Papen ist `ne ganz spezielle Nummer, klein, fast zerbrechlich mit rauchiger Stimme, aber oho, zäh wie eine Katze und kaufsüchtig. Jedes Jahr wurde gelost bei den van Papens, bei wem Oma Editha dieses Jahr zu Weihnachten sein soll. Da waren Sonja, die Tochter samt Ehemann, die Lofotenfahrer, die Glücklichen dieses Jahr fein raus. Doch es gab ja noch drei erwachsene Enkelkinder. Benno, der Älteste, Greenpeaceaktivist, immer „on the road“ und engagiertes Mitglied im Flüchtlingsrat Hamburg. Natürlich international vernetzt, ständig frisch verliebt in die verrücktesten Dreadlockgirls, litt er immer unter chronischem Zeitmangel. Letztes Jahr war das Los auf ihn gefallen und Oma Editha musste Heilig Abend auf´s Greenpeaceschiff, ein einziges Desaster. Dann haben wir noch Ada, Juweliersangestellte in Hamburgs bestem Viertel, immer korrekt geschminkt, hochhackig beschuht, perfekt gestylt und dann Oma Editha. Vor zwei Jahren hatte Ada sie in ein feines Restaurant geschleppt. Oma Editha hatte den Kellner geduzt und in die Serviette geschnaubt, peinlich, völlig unkonventionell, aber fröhlich. So war sie, Oma Editha und kaufsüchtig. Von ihrem Mann Hans van Papen, holländischem Kaffeebaron hatte sie ein beträchtliches Vermögen geerbt. Sie, das kleine ostpreußische Flüchtlingsmädchen hatte Hans beim Tanz kennengelernt, weil sie doch die leichteste, schönste Tänzerin war, damals 1949, als alle wieder leben wollten nach dem unseligen Krieg. Da hatte sie, die kleine Editha Baltumeit den Hamburger Kaufmannstöchtern doch den Sohn des alten Kaffeebarons weggeschnappt. Eine gute Partie, aber darum ging es ihr nicht. Sie hat ihren Hans geliebt und das er Geld hatte, war doppelt so schön. Gott hab´ ihn selig. Jetzt war er schon fünfzehn Jahre tot und Editha noch immer quicklebendig in der Villa am Elbufer, die vom Keller bis zum Boden vollgestopft war mit den Ergebnissen von Edithas Schnäppchenjagden. Natürlich gab´s auch schwere dunkle, gediegene Möbel, Kronleuchter und dicke Perserteppiche, aber dazwischen, darunter, darüber tausenderlei Dinge, die man so nicht im Laden stehen lassen kann. Elche, mit

Kerzenleuchtern als Gehörn, viel tausend Engel in allen Variationen, ganz zu schweigen vom Topfwarenlager in der Küche und der Klamottenansammlung in den oberen Schlafzimmern; Decken Mäntel, Pelzjacken, Stiefel, Hüte, Mützen, Schals und Puppen, aus aller Herren Länder, wertvolle , alte mit Porzellanköpfen und Echthaar, aber auch bunte, ungewöhnliche aus Mexiko und Tansania.
Die Speisekammer quoll über von Essbarem, alles rappelvoll, unglaublich. Tochter Sonja hatte schon oft versucht auszumisten, aber da wurde Editha fuchtig, da war der Spaß vorbei und anlegen wollte sich keiner mit ihr." Ich weiß auch nicht, wo das herkommt" sagt Editha, vielleicht weil ich als junges Mädchen alles zurücklassen musste in der Heimat, auch meine Puppen, weil wir so gehungert haben und gefroren. Ich brauch´ die Vorräte für meine Sicherheit. Und wenn ich kauf´, dann spür ich das ich lebe. Die Welt dreht sich und ich bin dabei." So sagte es Oma Editha und alles blieb beim Alten.
Nun war Weihnachten. Wer war diesmal dran? Sollte das Los auf Natascha fallen, das Nesthäckchen, ein bisschen pummelig, gerade fertig mit der Ausbildung zur Physiotherapeutin, Locken, Schmollmund und handtaschensüchtig? „Hat sie bestimmt von Oma Editha geerbt." sagt Benno jedes Mal, "Kaufsucht-Gen, einer kriegt das immer." Also Natascha und Oma Editha müsste doch gehen dies Jahr zu Weihnachten. Aber es kommt anders. Oma Editha lädt ein und das so bestimmt, das keiner der drei Enkel abzusagen wagt. „Wenn ihr nicht kommt", sagt sie „fahr ich zu Hans auf den Friedhof, nehm´ Kerzen mit und setzt mich dort neben´s Grab auf die Bank." Das könnte kalt werden. Da könnte sich Oma Editha den Tod holen, nein, das will keiner. „Bringt ruhig jemand mit Kinder", hatte sie noch gesagt. Und so machen sich die Drei; Benno, Greenpeaceaktivist und Chef vom Flüchtlingsrat mitsamt seiner neuesten Errungenschaft der hübschen Ökobraut Tilda im handgefilzten Outfit mit Ringelstrümpfen und seine Schwestern auf den Weg. Ada, Juwelierslady schleppte den farbigen Ethnoschmuckhändler Maffeo mit, der auch nicht wusste, wo er Weihnachten verbringen sollte. Und Natascha, die schmollmundige, lockenköpfige Physiotherapeutin, handtaschensüchtig, war auch dabei. Was das wohl werden soll in der Villa mit Elbblick, vollgestopft bis unters Dach. Und es wird, andere Weihnachten, aber so schön war´s lange nicht. Oma Editha hat Maria die polnische Haushaltshilfe geholt. Seit tagen haben sie gekocht, gebacken, ja sogar etwas aufgeräumt. Die lange Tafel im großen Foyer war gedeckt.
Die Engel, Hirsche, Elche und Puppen mussten auf´s Mobiliar verteilt etwas weichen. Tannenzweige hatten sie geholt und Misteln aufgetrieben, Ilex am Treppengeländer. Oma Editha war auf Hochtouren, hieß sie alle mit rauchiger Stimme willkommen und schon gab´s einen „Bärenfang" zur Begrüßung, ostpreußischer Honigschnaps. Da klingelte schon die Türglocke. Der Weihnachtsmann im roten Bischofsmantel kam herein. Die Familie versank so gut es ging in der Biedermeiersitzgruppe. Bescherung von Oma Editha und welchen alten Hasen hatte sie da als Weihnachtsmann engagiert? Ach, Joseph den Gärtner, Ada erkennt ihn an seinen grünen Cordhosen, die unter

dem Mantel hervorlugen. Und schon zaubert er etwas mühsam, aber mit Charme Geschenke aus dem Sack, „Für Benno“, steht drauf und der bekommt sage und schreibe siebenundzwanzig Statson-Pelzmützen. „Für deine Flüchtlinge, hab ich gedacht und die weißen für Tilda und dich, tönt Oma Editha aus dem Lehnsessel. Benno ist gerührt, woher Oma Editha das wohl weiß, genau Fünfundzwanzig sind es, die letzte Woche angekommen sind, Heilig-Nacht Geheimnis. Und Ada, die Schöne mit ihrem Maffeo, der strahlt wie ein König aus dem Morgenland, die beiden bekamen Ringe, ganz schlichte, Weißgold ohne Schnickschnack. „Ich hoffe auf Urenkel.“, verkündet Editha lauthals. Ada und Maffeo sind ganz verwirrt Sie schauen sich tief in die Augen. Weiß Oma Editha mehr, als sie selbst wissen? Und Natascha? Joseph, der alte Gärtner zaubert mit Bravour die gute Prada Handtasche hervor auf die Natascha schon immer scharf war. Vom Hans hatte Editha sie zur Silberhochzeit bekommen. Dann sind da noch Lederstiefel für Maria und Joseph bekommt eine neue Fellweste von Editha, als er Sack und Mantel abgelegt hat. Dann zieht Editha den Vorhang zurück der zum grünen Salon gespannt war und eine wunderschöne Krippe taucht auf. Das Jesuskind, eine Puppe so fein genäht, handgearbeitet, von allen bewundert. „Hat Maria mir geschenkt“, sagt Editha. Die anderen Figuren haben sie einfach aus Edithas reicher Sammlung genommen, ein wenig frisiert und anders bekleidet, Krippe international. Oma Editha liest mit rauchiger Stimme die Weihnachtsgeschichte: ...„ denn euch ist heute der Heiland geboren, welcher ist Christus, der Herr, in der Stadt David´s...ja, auch euch liebe van Papen-Sippe, liebe Maria, lieber Joseph, euch auch.“ Nach dem „Ehre sei Gott“ wird aufgetischt: echt ostpreußisch: Königsberger Klopse, Kachalinski, das sind geriebene Kartoffeln mit Speck, Beetenbarsch und Blindhuhn, Glumsfladen und Apfelklöße ganz wie in Edithas Kindheit. So feiern sie Weihnachten, „weil die meisten Leute Weihnachten feiern“, laut Tucholsky. Nein, diesmal ist´s anders. Editha ist glücklich, keiner der drei Enkel hat mit dem Losglück gehadert, Oma Editha zu Weihnachten am Hals zu haben. Stattdessen ist sie die Gastgeberin, sogar Maria und Joseph sind da, zwar Küchenhilfe und Gärtner, aber echt. Und dann schenken die drei Enkel Editha etwas. Jeder etwas Kleines nur, im Briefumschlag und Editha holt jeweils eine Karte hervor für die „Golden Gospel Singers“ Seniorengospelsänger, aber topfit. Editha liebt sie. Da hatten wohl alle die gleiche Idee, Konzert am 1. Weihnachtstag. „Na dann geh ich mit Maria und Joseph hin, Danke, und jetzt geh ich erst mal eine rauchen“, sagt Editha. Das war Weihnachten in der Villa van Papen und es erzählt davon; Gott wird Mensch, wenn er Platz in unseren Herzen findet. Edithas altes, junges Herz hat Frieden gefunden, musste nicht ans Kaufen denken, konnte frei und ohne Angst, nicht alles bekommen zu haben, einfach lieben, Gott und die Welt.

Wo sind die Freudenboten?

Um diese Frage zu beantworten, müssen wir uns in eine mittlere Kleinstadt in Mecklenburg begeben. Seit etwa einem halben Jahr gibt es dort einen neuen Friseurladen. Gleich neben dem Bahnhof hat er eröffnet, aber jedermann kommt mal vorbei. Nicola heißt der Inhaber, schwarzhaarig, fröhlich, immer gut drauf. Er stammt aus der Nähe von Antalya. Schon sein Großvater war Friseur. Er versteht sein Geschäft. Die Leute kommen gerne, weil er sie behandelt wie die Könige, egal wer kommt, ehrerbietig, ohne das man sich veralbert fühlt, zuvorkommend, ohne unterwürfig zu sein. Er ist grundehrlich und hat viel Geduld. Nicola hört zu, wenn die Sorgen raus wollen. Und beim Friseur in der wohligen Wärme, mit dem feinen Parfüm- und Shampooduft und Nicolas flinken Fingern wollen die Sorgen raus, ganz wie von selbst. Nicola hört zu, fragt behutsam nach, kennt sich bald aus in den Familien der Stadt. Sie gehen alle gerne hin. Oma Wachholz mit dem weißen Pudel, der auf Nicolas Teppich liegen darf genau so gerne wie der Bürgermeister und sogar der Pastor wurde schon dort gesehen, eingedöst in der wohligen Wärme. Jetzt ist es kalt geworden. Weihnachten steht vor der Tür und in der Stadt brodelt es. Gerüchte gehen um. Das alte Lehrlingswohnheim soll flott gemacht werden für syrische Kriegsflüchtlinge. Das passt nicht jedem. „Kommen noch mehr Hungerleider," brummt Ede Wachholz der Enkelsohn von Oma Wachholz, der die Lehre abgebrochen hat und von der Oma durchgefüttert wird. Zu Hause ist er rausgeflogen. Hotel Mama wurde geschlossen. Jetzt ist er bei Oma, die ist flüssig und die lässt sich immer wieder breitschlagen, auch wenn er wieder und wieder Gründe findet, nicht arbeiten zu gehen. Ede Wachholz faul wie sonst was brummt empört: „Nehmen uns nur die Arbeit weg, blödes Gesindel." Ein paar Zuhörer findet er, da an den Garagen wo sie immer ihr Bier schlucken und die Welt in die Dose passt. Nicht viele Zuhörer, aber immerhin; Atze B. der stadtbekannte Neonazi ist dabei und so machen sie Stimmung. Währenddessen wird das Heim vorbereitet „Verstärkte Polizeipräsenz, Bürgertelefon, alles im Griff." sagt der Bürgermeister.

Der Pastor hat schon Päckchen organisiert, als kleine Überraschung. Dann wird der Weihnachtsmarkt eröffnet. Alle versuchen noch möglichst viele Geschäfte zu machen. Nicola bietet unterdessen die Weihnachtsfrisur zum günstigen Preis an, 20% Rabatt. Er hat alle Hände voll zu tun, denn Haare wachsen immer. Irgendwie versteht er sein Geschäft. Man kommt glücklicher raus, als man rein ging, schöner auch, als hätte Nicola die Begabung, das Schöne in jedem Gesicht zu betonen. Manchmal ist es nur eine Locke, die anders hängt, manchmal eine völlig neue Frisur, die den Kunden zum gefühlt anderen Menschen macht, selbstbewusster, fröhlicher, schöner, freier. Nicola hat´s drauf. Doch nun brodelt´s ja im Städtchen. Mittwochabend vor dem 4. Advent sollen die Flüchtlinge eintreffen. Alles ist vorbereitet. Eigentlich war der Termin nicht bekannt, aber Bella, die Sekretärin vom Bürgermeister hat geplaudert. So hat es ihr Ex Ede Wachholz erfahren und seine Klicke, Atze

B., der stadtbekannte Neonazi auch und nach und nach die ganze Stadt. Die linke Jugend vom Gymnasium, der Kirchenchor mitsamt Pastor, alle sind Mittwochabend versammelt, die Flüchtlinge zu empfangen. Atze B. hat seine Truppe natürlich auch mobilisiert. Als sie alle eintreffen, ist schon Licht im Heim, Polizeipräsenz, ein dunkler Haarschopf am Fenster. Atze B. skandiert mit seinen Zöglingen: „Ausländer raus!“ Der Kirchenchor singt gegen an Adventslieder: Wie soll ich dich empfangen“ und „Es kommt ein Schiff geladen“. Ede weiß nicht recht auf welche Seite er sich schlagen soll. Seine Oma singt im Kirchenchor und seine Klicke steht geschlossen hinter Atze B. Es ist das reinste Chaos. Die linke Jugend zündet einen Polenböller und eine Handvoll unbescholtener Bürger hat endlich etwas zum Begaffen.

Der Pastor holt die Geschenke, die Chordamen verteilen heißen Apfelsaft. Unterdessen droht die Lage zu eskalieren. Atze B. versucht gerade unter dem Beifall seiner Anhänger den Zaun zu erklimmen und ins Gebäude zu gelangen. Die Polizei ist chronisch unterbesetzt. Die linke Jugend versucht Atze und seine Leute zurückzudrängen, der nächste Böller kracht, die Chordamen schreien. Oma Wachholz hat ihren Ede entdeckt und putzt ihn vor versammelter Mannschaft herunter. Da kommt plötzlich mit rasantem Schwung ein Auto vorgefahren mit Wohnwagen hintendran. “Nicolas fahrende Friseurstube“ steht drauf und da ist er auch schon unser Nicola, fröhlich wie immer. Alle sind abgelenkt, starren wie gebannt auf seine merkwürdige Erscheinung. Nicola trägt, und das steht ihm ausnehmend gut, einen roten Bischofsmantel. Er verkündet laut: „ Weihnachtsrabatt, 20 % für die Weihnachtsfrisur. Kommt rein Leute, ihr werdet`s nicht bereuen.“ Atze B. taucht auf, mit furchterregender Miene, muskelbepackt, Springerstiefel, Glatze. Nicola lächelt ihn freundlich an: „ Ich rasier auch, 20% Prozent Rabatt auf alles!“

Damit hat Atze B. nicht gerechnet. Angst wollte er auslösen. Angst war keine zu sehen in Nicolas Augen, stattdessen diese geduldige sichere Freundlichkeit. Atzes Gesicht müsst ihr gesehen haben. Alle müssen lachen. Rasieren lässt er sich nicht, aber er trollt sich, will seine Mannen um sich scharen, aber die haben sich eingereiht am Stand mit heißem Apfelsaft, oder was es da gibt. Hat der Pastor doch tatsächlich Glühwein dabei, hätten wir ihm gar nicht zugetraut, sagen die linke Jugend. Schon sieht man Oma Wachholz im hell erleuchteten Frisiersalon sitzen. Nicola ist flink. Danach kommt Ede dran, weil Oma ja bezahlt und überhaupt; Weihnachtsrabatt, dann der Bürgermeister, ein paar Chordamen und zuletzt der Polizeiobermeister. Der Pastor trägt schon Weihnachtsfrisur. Alle kommen sie glücklicher wieder raus, irgendwie verändert und wenn man genau hinschaut, glänzt ein ganz klein wenig Goldstaub im Haar. Nicola im roten Bischofsgewand erklärt gerade den Schülern vom Gymnasium wo er herstammt: Hundert Kilometer südwestlich von Antalya, Damre heißt der Ort, früher Myra. Meine ganzen Vorfahren haben dort gelebt, waren Friseure und....“

„Myra, Myra,“ sagt der kluge Gymnasiast, „gab´s da nicht mal´n Bischof Nikolaus?“ Nicola blinzelt ihn an und da blitzt uns was auf, was das wohl für ein Freudenbote ist. Dieser hat inzwischen seine Tasche gepackt und geht direkt ins Heim, die Leute mit einer Willkommensfrisur begrüßen. Der Polizeiobermeister persönlich begleitet ihn, links und rechts stehen sie alle mit leichtem Goldstaub beglänzt, ein Hauch nur. Es ist Volksfeststimmung, alles kann besser werden, sagen die Augen. Das hat Nicola geschafft.

Wendegeschichte

Es gibt Dinge, die wir ein Leben lang mit uns herumschleppen, weil sie Erinnerungen verkörpern. Oft sind es unscheinbare Dinge, für andere wertlos, nutzlos oder unverständlich, wie der faustgroße Stein, den Lina im mittleren Schubfach des Schreibtisches ihres Großvaters fand. Schon oft hatte sie im Schreibtisch gestöbert, schon oft die Schubfächer rein und rausgezogen, Dinge hervorgeholt, die ihr Opa sorgsam hütete. Er sammelte Besonderes; versteinerte Seeigel, Klappersteine alte Münzen, doch dieser Stein hatte nichts. Faustgroß, glatt, grau, handlich, das war er. „Also, Opa, was ist mit diesem Stein.“ Oh, Linakind, das ist eine lange Geschichte, aber du sollst sie erfahren. Als ich ein kleiner Junge war, war´s tiefste DDR-Zeit. Das war nicht immer leicht für mich, als Pastorenkind wurde ich oft gehänselt. Einmal, ich erinnere mich noch ganz genau, sagte die Lehrerin: „Wer noch an Gott glaubt, der steht jetzt mal auf und dann dürfen alle lachen. Gott gibt es nicht, nur die Dummen und Ängstlichen brauchen ihn.“ Alle sahen mich an, mich und die Suse, vom treuen Kirchenältesten die Tochter. Wir schauten uns fest an und standen auf. Alles lachte.
„Na, betet ihr schön?“ Dann sagte die Lehrerin: „Ihr werdet´s euch schon noch abgewöhnen. Und den nächsten Absatz schreiben wir über den sozialistischen Staat, der für uns sorgt und allen Menschen gleiche Chancen gibt.“ „Ich weiß nicht mehr was ich geschrieben habe. Dann war jedenfalls Pause, der Schulhof voller Kinder, die Raucherecke von den Großen belagert. Die Kirche stand gleich neben der Schule. Der dicke Fred und sein bester Freund Schubi nahmen Steine und warfen sie genau in die bunten Glasfenster der Kirche. Das klirrte und schepperte, immer mehr Kinder machten mit. Die Lehreraufsicht, die sonst gleich zur Stelle
war, ließ sich nicht sehen. Ich stand hinter der Klotür, tränenüberströmt, hab´ nichts machen können. Später ging ich rüber zu meinem Vater, hab´ alles erzählt.“ „Komm Junge, wir gehen den Schaden besehn, „sagte der. Er strich mir über den Kopf und meinte nur: „Christsein ist nicht leicht, aber es macht dein Herz leicht und frei. Gott ist viel größer, als so mancher Lehrer denken kann.“ Und dann gingen wir hinüber in die kleine Dorfkirche. Der Schaden war nicht unerheblich. Uralte, bleiverglaste, bunte Scheiben lagen zersplittert auf dem Boden. Ein Stein hatte Jesus am Kreuz getroffen, die

holzgeschnitzte Hand abgeschlagen. Mitten auf dem Altar lag er , glatt, fest, faustgroß und grau, eben dieser Stein, mein Linakind". „Und was habt ihr dann gemacht?" „Dann hat mein Vater all die Splitter aufgesammelt und all die Steine, jeweils in einen Korb gelegt. Am Sonntag zum Gottesdienst hat er jedem einen Stein in die Hand gedrückt und über Johannes 8 gepredigt. Du weißt schon: „Wer von euch ohne Sünde ist, der werfe den ersten Stein". Freds und Schubis Oma waren auch da, sie guckten nur so zu Boden. „Aber Herr Pastor, sagten sie am Ausgang, „wir wollen doch, dass unsern Kindern nichts im Wege steht. Das mit den Fenstern war nicht gut, aber sie müssen doch verstehen, dass die Kinder heutzutage nichts mehr für die Kirche übrig haben können.." Mein Vater ließ sie an dem Scherbenkorb vorbeigehen und ich musste immer an den Christus ohne Hand denken. Und daran, dass mein Vater immer sagte: „Nur unsere Hände hat Christus, nur unsere, damit wir sein Werk fortsetzen. „Und dann?, fragt Lina, „wie bist du zurechtgekommen in der Schule, Opa?" „Och, es gab noch öfter so Situationen, einmal im Schwimmbad, als sie die Mutprobe auf dem 5-Meterbrett mit mir machten. Ich konnte nicht besonders gut schwimmen. „Spring doch", riefen sie und: „bete zu deinem Gott, der wird dich schon auffangen." „Ich bin gesprungen, endlos tief wurde das, als ich aufschlug, tiefer, tiefer. Ausgerechnet der stille Thomas, der Lehrersohn, zog mich wieder hoch. So was gab´s auch. „Halt`s Maul." sagte der, als die anderen weiter spotten wollten. Auch das gab´s.
„Und dann, Opa?" „Ja, dann hab ich gelernt. Mir konnte keiner was, wie ein Wilder hab ich gelernt. Das Staatsbürgerkundebuch konnte ich fast auswendig. Irgendeinen Satz konnte man immer anwenden vom Sozialismus. In Geschichte stand ich 1a, alles auswendig gelernt, da konnte mir nichts passieren. „Junge, Junge, sagte mein Vater, „wenn das man gut geht"
Bis zum Abi haben sie mich gelassen. Ich war der Quotenchrist, Garant für Freiheit im sozialistischen Staat. Ich wollte Medizin studieren, hatte ein Superabi, Lessingmedaille in Gold, hab mich beworben. Albert Schweitzer, der große Urwaldarzt, Philosoph und Theologe
war mein Vorbild. Vielleicht hätte ich das nicht in die Bewerbung schreiben sollen. Ablehnung, aus Kapazitätsgründen wurde gesagt und der Schubi war drangekommen, hatte viel schlechteren Durchschnitt. Ein großer Traum war geplatzt. Was nun? Ich fing in der Altenpflege an, den Sommer über zur Probe, dann richtig mit Ausbildung. Da gab´s viele, denen der Weg verbaut wurde.... Und dann standen sie eines Tages vor der Tür. Zwei nette Herren, freundlich, taten ganz vertraut, wussten, wer meine Freunde waren und hielten nicht
lange hinterm Berg: „Na, wie steht´s mit ihren Plänen, junger Mann? Wir hätten da noch ein Angebot, wenn sie für uns arbeiten, wäre es noch möglich mit dem Medizinstudium ... sofort, du könntest auch in die Entwicklungshilfe gehen..."Ich saß wie vom Blitz getroffen, Staatssicherheit, alles klar, sekundenschnell durchlief es mein Hirn. Ich sah mich schon im Arztkittel, ja fast schon auf dem Weg nach Afrika. Und dann fiel mein Blick auf den Stein, eben diesen, grau, fest, faustgroß. Ich nahm ihn in die Hand: „Bitte verlassen

sie mein Zimmer,“ sagte ich dann, am ganzen Körper zitternd, aber mit fester Stimme „und lassen sie sich nie mehr bei mir blicken…“Ich hatte den Stein in der Hand, kühl und fest war er: „Hoffentlich bereust du´s nicht Jungchen“, sagte der eine mit einem schiefen Grinsen…
„Und, hast du´s bereut?“, fragt Lina. „Nein, nie im Leben und nach Afrika bin ich doch gekommen. Weißt du ja Linakind, mit der Wende wurde mein Traum wahr, Lambarene hab ich noch erleben können. Jetzt kennst du die Geschichte von diesem Stein. Ich schenk ihn dir Linakind, nimm ihn in die Hand und denk dran: Jesus hat nur unsere Hände, nur unsere.“

Printed by Books on Demand GmbH, Norderstedt / Germany